Maria Zdravković (Hrsg.)

Vollwert Rezepte

Zeitgemäßes aus der Bauernküche

Landbuch Verlag

Hinweis

Alle in diesem Buch enthaltenen Angaben, Daten, Ergebnisse etc. wurden von der Herausgeberin nach bestem Wissen erstellt und von ihr und dem Verlag mit größtmöglicher Sorgfalt überprüft. Gleichwohl sind inhaltliche Fehler nicht vollständig auszuschließen. Daher erfolgen die Angaben etc. ohne jegliche Verpflichtung des Verlages oder der Autorin. Beide übernehmen deshalb keinerlei Verantwortung und Haftung für etwaige inhaltliche Unrichtigkeiten. Der Haftungsausschluß gilt nicht, soweit nach dem Produkthaftungsgesetz für Personen- und Sachschäden gehaftet wird.

Jeder Leser muß beim Umgang mit den genannten Stoffen, Materialien, Geräten usw. Vorsicht walten lassen, die Gebrauchsanweisungen und Herstellerhinweise beachten und den Zugang für Unbefugte verhindern.

Bildquellen:

11 Fotos mit Text aus „AID-Verbraucherdienst“: „Buchweizen – Dinkel – Gerste – Hafer – Hirse – Mais – Reis“
4 Fotos Keimfrisch-Boxen: Fa. Fink GmbH, Herrenberg
1 Foto Getreidemühle: Fa. Messerschmidt, Mönchweiler
1 Foto Getreidemühle: Fa. Jupiter, Schorndorf
Titelbild und 5 Fotos „Salate, Gemüsegerichte, Fleischgerichte, Dessert, Kleingebäck“: CMA, Bonn
7 Fotos: „Müsli, Suppen, Getreidegerichte, Soßen, Teigwaren, Kuchen, Brote“: Molkerei Müller, Aretsried
1 Foto „Fisch“: FIMA, Bremerhaven

Gesamtherstellung: Landbuch-Verlag GmbH, Hannover

ISBN 3 7842 0488 0

Inhalt

Zu diesem Buch

Mit diesem Buch stellt die Redaktion der „Hannoverschen Land- und Forstwirtschaftlichen Zeitung“ einige Rezepte aus dem Wettbewerb *Wir sammeln Vollwert-Rezepte* vor.

Das zeitgemäße Kochen mit Vollwert-Gerichten erfreut sich besonders auf dem Lande großer Beliebtheit. Über 2000 Bäuerinnen haben uns daher ihre erprobten Rezepte eingesandt, von denen ich mehr als 200 für Sie ausgewählt habe.

Die am Anfang des Buches beschriebenen Getreidesorten wurden bei der Zubereitung der Gerichte verwendet. Die Rezepte sind für jeweils vier Personen gedacht und unter Zwischen-Überschriften in Gruppen zusammengefaßt.

Am Ende des Buches sind alle Einsender/innen namentlich genannt. Ihnen danke ich an dieser Stelle nochmals herzlich für die Mitarbeit und hoffe, daß diese ausgewählten Vollwert-Rezepte in vielen Küchen ausprobiert werden.

Ich wünsche dabei gutes Gelingen, guten Appetit und dankbare „Kostgänger“.

Ihre
Maria Zdravković

„Vollwert-Ernährung“ – was ist das?

Die Vollwert-Ernährung gibt dem menschlichen Organismus die richtige Menge aller notwendigen Nährstoffe, die für Gesundheit, Wohlbefinden, für geistige und körperliche Leistungsfähigkeit unbedingt notwendig sind. Es sollten möglichst naturbelassene, wenig verarbeitete Lebensmittel verwendet werden.

Einige Beispiele:

Sehr mineralstoff- und vitaminreich beim Reis ist das „Silberhäutchen“. Es steht uns beim geschälten Reis nicht zur Verfügung. Dem sogenannten Naturreis mit Schale wird deshalb der größere Nährwert beigemessen.

Fett liefert doppelt so viele Kalorien wie die gleiche Menge an Kohlenhydraten. Übergewicht und viele Krankheiten können die Folge zu fettreicher Ernährung sein. Reduzieren Sie deshalb den Verzehr von Fett. In 100 g Pellkartoffeln zum Beispiel wurden nur Spuren von Fett nachgewiesen, während Pommes frites ca. 12 g, Kartoffelchips sogar 40 g Fett enthalten.

Seien Sie außerdem sparsam im Verbrauch von Salz. Während in 100 g frischen Champignons nur 0,3 g Salz nachgewiesen wurden, fanden sich in Champignon-Konserven 9 g Salz.

Mit Getreidemühlen können wir unser Getreide frisch mahlen. In frisch gemahlenem Vollkornmehl sind zehnmal mehr an dem für Nerven und Stoffwechsel notwendigen Vitamin B_1 enthalten als im Weizenmehl der Type 405. Die Type 405 ist das weiße Mehl, aus dem wir jahrelang unsere hellen Kuchen und Brote gebacken haben. Der Gehalt an verdauungsfördernden Ballaststoffen ist beim Vollkornmehl zweieinhalbmal höher als bei Weißmehl. Vollkornmehl ist beispielsweise in Naturkostläden, Reformhäusern und heute auch in Supermärkten erhältlich. Es sollte innerhalb von vier Wochen verbraucht werden.

Das Frühstück spielt in der Ernährung eine wichtige Rolle. Müsli aus frisch gemahlenem oder eingeweichtem Getreide, angereichert mit frischem Obst oder mit Milchprodukten, sind gesund und haben einen hohen Sättigungsgrad. Auch Haferflocken mit entsprechenden Zusätzen erfreuen sich bei dem ernährungsbewußten Verbraucher größter Beliebtheit.

Ohne Gemüse wäre eine Ernährung nicht vollwertig, ihr würde die nötige Menge an Vitaminen, Mineral- und Ballaststoffen fehlen. Zudem hat Gemüse wenig Kalorien, und der Sättigungsgrad ist durch das intensive Kauen und Einspeicheln sehr hoch. Gemüse, mit wenig Fett zubereitet und mit frischen Kräutern verfeinert, kann zusammen mit Kartoffeln oder Vollwertreis den Mittelpunkt der Hauptmahlzeit bilden. Die empfohlenen Verzehrsmengen pro Tag für Kartoffeln, Gemüse und Obst:

250–300 g Kartoffeln (4–5 mittelgroße)
250–300 g Gemüse, davon 50–100 g als Frischkost
200 g Obst (zwei kleine Äpfel)

Fleisch ist nicht verpönt, sollte aber nicht Hauptbestandteil der Nahrung sein. Die Deutsche Gesellschaft für Ernährung (DGE) empfiehlt zum Beispiel zwei bis drei Fleischmahlzeiten pro Woche sowie ein bis zwei Portionen Fisch.

Ein Wort zum Salat: Ob Blatt-, Gurken-, Tomaten- oder gemischter Salat, alle Salate sollten täglich frisch zubereitet und so bald wie möglich verzehrt werden – am sinnvollsten vor den Hauptmahlzeiten oder als Beilage.

Eine weitere Empfehlung der Vollwert-Ernährung ist, alle Gemüse- und Obstarten während der üblichen Erntezeit zu essen (also keine Erdbeeren im Winter).

Um auch in der kalten Jahreszeit Vitamine und Mineralstoffe aus der Natur zu bekommen, können Keime auf der Fensterbank in Spezialgefäßen oder Weckgläsern gezüchtet werden. Hierzu wird das Getreide gut gewaschen und über Nacht im Einmachglas eingeweicht. Das Glas wird mit einem Mulltuch und Gummiring verschlossen. Am Morgen wird das Wasser abgegossen und das Getreide gründlich gespült. Tagsüber bleibt es ohne Wasser bei Zimmertemperatur stehen. Das Getreide muß zweimal täglich gespült werden, um Gase und Bakterien zu entfernen. Nach drei bis vier Tagen sind die Keimlinge verzehrbar.

Trinken Sie mit Verstand. Mindestens eineinhalb bis zwei Liter Flüssigkeit pro Tag benötigt Ihr Körper. Löschen Sie Ihren Durst mit Mineralwasser, ungesüßten Früchtetees, Gemüse- und verdünnten Obstsäften; Alkohol meiden.

Jedes Übermaß beim Verzehr eines einzelnen Nahrungsproduktes kann zu Schäden führen, wie zuviel Fett, zuviel Zucker, zuviel Salz, wie überhaupt ein Zuviel.

Einige Experten der Vollwert-Ernährung ordnen die Lebensmittel in „Wertstufen" ein:

Sehr empfehlenswert: gekeimtes und geschrotetes, eingeweichtes Getreide, rohes unverarbeitetes, aber auch zerkleinertes Obst und Gemüse, Kräuter, Nüsse und Samen, Trockenfrüchte, kalt gepreßte Öle, Milch und Milchprodukte.

Zu den empfehlenswerten Produkten gehören: Vollkornbrot, Nudeln und Naturreis, schonend erhitztes Gemüse und Obst, Kartoffeln und Hülsenfrüchte, Säfte, ungehärtete Pflanzenfette und Butter, aber auch Honig, Fleisch, Fisch und Eier in Maßen.

Als weniger empfehlenswert werden Weißreis, helle Mehle und Produkte daraus, Gemüse- und Obstkonserven, H-Milch, Milchpulver und Schmelzkäse, fette Wurstwaren sowie Bier und Wein eingestuft. Diese Produkte sollen nicht täglich gegessen und getrunken werden.

Ferner sollten möglichst reduziert werden: Vitaminpräparate, raffinierte und gehärtete Fette, Zucker, Süßwaren, Limonaden, Schmalz, Fertigprodukte, zum Beispiel Suppen aus der Tüte.

Wer sich an diese Richtlinien hält, verbessert sein Wohlbefinden und beugt ernährungsbedingten Krankheiten vor; Übertreibungen schaden nur.

Nachstehend einige Tips aus der Praxis:

Anfänglich sollten Sie nur ab und zu ein Vollwert-Gericht auf den Tisch bringen. Im Sommer, wenn viel frisches Gemüse im Garten reift, ist es leichter, die Familie an die tägliche Rohkost zu gewöhnen.

Wenn die Familie bisher nur an Weißmehlkuchen gewöhnt war, zuerst nur die Hälfte Weißmehl gegen Vollkornmehl austauschen.

Zu Beginn keine schwer verdaulichen Gerichte mit gekochtem, ganzen Weizen, Roggen oder Gerste zubereiten, denn während der Umstellung auf eine gesündere Lebensweise kann es zu Unverträglichkeiten kommen. Der Verdauungsapparat muß sich erst auf eine ballaststoffreiche Ernährung einstellen.

Lassen Sie sich künftig von vier Faustregeln leiten:

* täglich mehrmals etwas Frisches
* häufig Brot aus vollem Korn
* weniger Fett
* selten etwas Süßes

Eine ausgewogene, vollwertige Ernährung ist langfristig betrachtet für die Gesunderhaltung Ihres Körpers lebenswichtig. Denn Ernährungsfehler machen sich erst nach Jahren bemerkbar und sind dann nur schwer oder überhaupt nicht mehr zu beheben.

Getreide-sorten

Anatomie des Getreidekorns

Die Körner der verschiedenen Getreidearten sind sich im Aussehen und im Aufbau sehr ähnlich. Man unterscheidet bei ihnen vier Grundbestandteile: Mehlkörper, Aleuronschicht, Keimling und Randschichten.

Der Mehlkörper (Endosperm) besteht aus großen Zellen, in die Stärkekörner eingebettet sind. Sie werden von einer Eiweißsubstanz umgeben. Die Zelltrennwände des Mehlkörpers bestehen aus verdauungsfördernden Ballaststoffen. Der Mehlkörper dient dem Getreidekorn als wertvoller Nährstoffvorrat, aus dem der junge Getreidekeim beim Wachsen seine Nahrung bezieht – bis er „groß genug ist“, d. h. über Wurzeln und Blätter selbst Nährstoffe aufnehmen und bilden kann.

Der Mehlkörper ist von der Aleuronschicht umgeben. Sie besteht aus großen, wabenförmigen Zellen, die vorwiegend Eiweiß und außerdem Fett in Form von Öl enthalten.

Der Keimling, aus dem die neue, junge Getreidepflanze entsteht, macht 2 bis 5 % der Kornmasse aus. Er besteht aus vielen kleinen, dünnwandigen Zellen von eckiger Form, die außerordentlich reich an Fett und Eiweiß sind. Im ganzen Korn ist das Keimlingsfett stabil, nach dem Zerkleinern wird es jedoch relativ schnell ranzig und bitter. Deswegen sind Getreidevollkorn-Erzeugnisse ohne zusätzliche stabilisierende Maßnahmen nicht allzu lange haltbar.

Das Getreidekorn ist von einer harten, hornigen Schicht umgeben, die aus der Fruchtschale und der Samenschale besteht. Auf diese sogenannten Randschichten entfallen zusammen rund 15 % der Kornmasse. Sie sollen das Korn und den Keimling schützen. Deswegen sind in sie faserförmige Ballaststoffe in großer Zahl eingelagert, die für Stabilität sorgen.

Vitamine und Mineralstoffe finden sich insbesondere in Aleuron- und Randschichten sowie im Keimling.

In die Randschichten sind auch Farbstoffe eingelagert, die den Körnern der einzelnen Getreidearten ihre charakteristische Farbe geben. Randschichtenreichere Mehle haben daher meist eine dunklere Farbe.

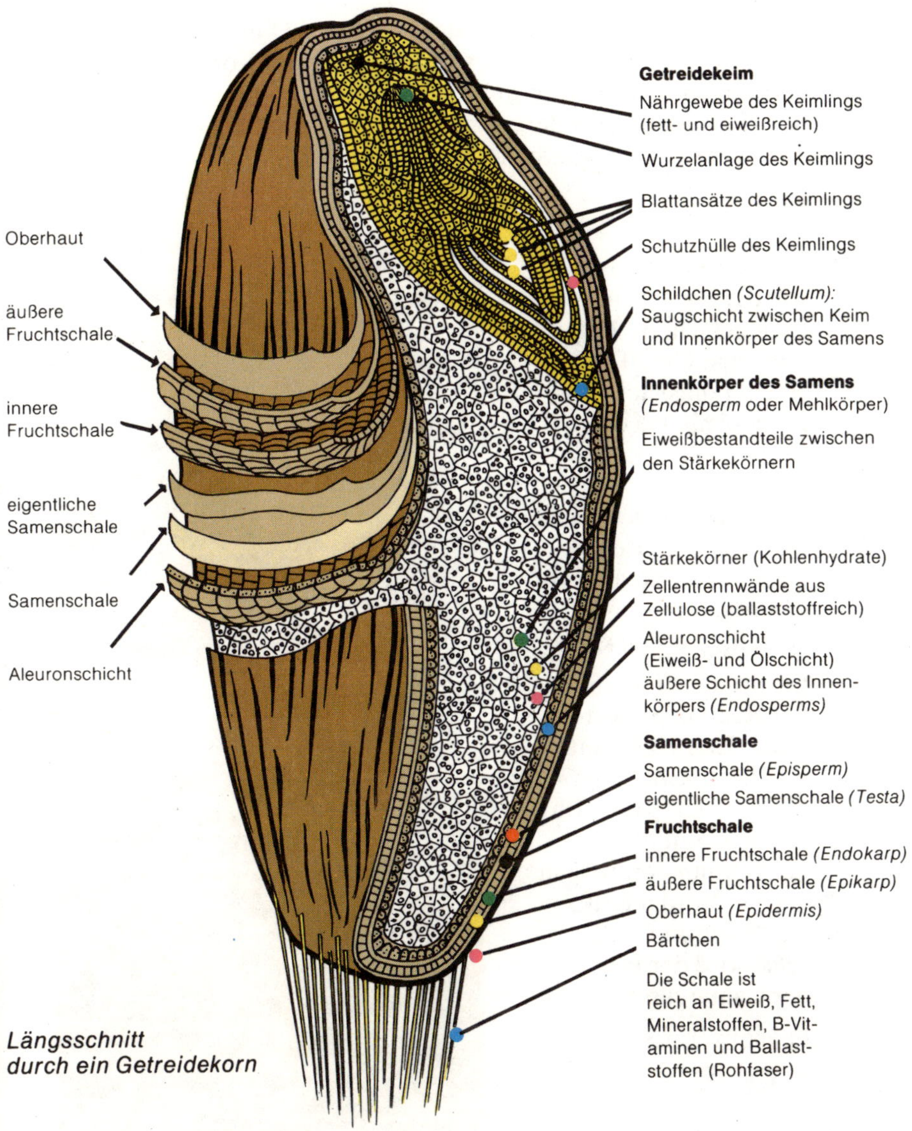

Längsschnitt durch ein Getreidekorn

Die Körner der meisten Getreidearten sind von harten und zähen Spelzen umgeben, deren Spitzen nadelförmige Fortsätze, die Grannen, tragen. Bei Gerste, Hafer und Dinkel, Reis und Hirse sind die Spelzen mit der Fruchtschale des Korns eng verbunden. Die Spelzen werden bei der Getreideverarbeitung mit Hilfe eines besonderen Schälvorgangs sorgfältig abgetrennt, fein gemahlen und als Speisekleie verwertet.

Reis

Langkornreis

Naturreis

Die Reispflanze bildet, wie der Hafer, eine breit gefächerte Rispe von ungefähr 20 bis 30 cm Länge aus. Das Korn bleibt bei der Reife von Deck- und Vorspelze fest umschlossen; deswegen muß auch der Reis entspelzt werden, bevor er als Nahrungsmittel verzehrt werden kann.

Ursprünglich stammt der Reis aus Südostasien. Erst 1000 Jahre n. Chr. brachten die Mauren den Reis nach Europa. Seit dem 17. Jahrhundert wird er auch in Nordamerika angebaut. In Frankreich wird der Reis aus der Camargue geerntet.

Feuchtwarmes, tropisches Klima und reichlich Wasser braucht der Reis, um zu wachsen und zu gedeihen. Im

Gegensatz zu den anderen Getreidearten stehen die Reisfelder während der Reifezeit unter Wasser. Indien und China sind neben anderen asiatischen Ländern die bedeutendsten Anbaugebiete der Erde.
Nach der Ernte wird der Rohreis „in der Strohhülse“ (den Spelzen) als sogenannter „Paddyreis“ in die Trockner gefahren. Bei uns wird der Reis fast ausschließlich in geschälter Form als Weißreis in den Handel gebracht und verzehrt. Aber auch Braunreis – gereinigt und verlesen als Naturreis bezeichnet – gibt es hier zu kaufen. Er bleibt besonders körnig, quillt allerdings weniger stark auf und benötigt fast doppelte Kochzeiten. Er schmeckt besonders würzig-aromatisch.
In der Bundesrepublik werden rund 75 % als Langkornreis verbraucht. Der Rundkornreis ist klebearm und besitzt einen weich-kalkigen Kern. Er wird überwiegend zu süßen Reisspeisen, wie Milchreis, verarbeitet. Der überwiegende Teil des Rundkornreises (25 % des deutschen Reisverzehrs) kommt heute aus Italien, aber auch aus Spanien, Ägypten und Kalifornien.

Wildreis

Unter „Bruchreis“ versteht man die beim Absieben anfallenden Bruchstücke. Meistens wird der Bruchreis zu Reismehl und Reisgrieß weiterverarbeitet.
Beim Wildreis handelt es sich um die Körner einer dem Reis nahe verwandten Wildgetreideart, die an Fluß- und Seeufern wächst. Seit vielen Jahrhunderten wird diese spezielle Reisart von Indianern an den Ufern der Seen von Minnesota (USA) und Manitoba (Kanada) geerntet. Auch heute noch geht das mühsam mit der Hand. Das erklärt die begrenzten Mengen und die hohen Preise. Wildreis wird aus den USA importiert. Die schwarzen,

leicht nadelförmig gebogenen Körner schmecken sehr kräftig und intensiv. Wegen des geringen Fettgehaltes ist Wildreis besser haltbar als der normale Naturreis.

Buchweizen

Buchweizen, ganzes Korn

Buchweizen gehört zu den Knöterich-Gewächsen und ist ein enger Verwandter von Rhabarber und Sauerampfer. Da die Buchweizenkörner dem Getreide sehr ähnlich sind und sich auch so verarbeiten und verwenden lassen, wird der Buchweizen dem Getreide zugeordnet. Die Bezeichnung „Buchweizen“ verdankt die Pflanze dem Aussehen ihrer Früchte. Diese sind 5 bis 6 mm lang, braun bis silbergrau und dreikantig. Sie sehen wie Miniaturausgaben von Bucheckern aus.

Die 50 bis 60 cm hohe krautige Pflanze mit den schmalen, herzförmigen Blättern und der weißen oder rosafarbenen Blütenkrone ist auf unseren Äckern heute sehr selten geworden.

Nach der Ernte wird der Buchweizen maschinell geschält. Die harte braune Fruchtschale wird entfernt und der grünlich-braune Kern freigelegt. Im Handel wird Buchweizen als geschältes ganzes Korn, in Form von Buchweizengrütze, -flocken oder -mehl angeboten.

Buchweizen verleiht den Gerichten einen kräftig-charakteristischen, aber angenehm bitteren Geschmack. Ganze Buchweizenkörner, in der Pfanne leicht angeröstet und mit gebratenen Speckwürfeln bestreut, schmecken gut als Beilage, z. B. zu Fleischgerichten. Aus Buchweizengrütze lassen sich schmackhafte Breie, Suppen und Aufläufe zubereiten.

Gerste

Auf dem Acker kann man Gerste leicht von anderen Getreidearten an ihren besonders langen Grannen unterscheiden. Die Gerste besitzt rundlich-ovale Körner, die von einer strohigen Hülle, den Spelzen, bedeckt sind.

Gerste, ganzes Korn

Die Gerste gehört zu den frühen Kulturpflanzen des Menschen. Heute ist sie aufgrund ihrer geringen Ansprüche an Klima und Boden und wegen ihrer kurzen Wachstumszeit praktisch weltweit verbreitet.

Bei der Verwendung der Gerste denkt man zunächst wahrscheinlich an den Gerstensaft, das Bier. In der Tat wird die Gerste überwiegend zum Brauen verwendet. Ein anderes Gerstenerzeugnis sind die Graupen.

Gerste findet sich außerdem in Form von Gerstengrütze, -mehl und -flocken im Handel. Gerstenprodukte eignen sich für schmackhaft-rustikale Suppen und Breigerichte.

Gerste ist ferner ein wichtiger Rohstoff für den Malzkaffee. Dazu wird die Gerste gemälzt, d. h. zum Ankeimen gebracht und gedarrt. Das Malz wird in Trommeln gemahlen und danach geröstet. Es bilden sich Geschmacks- und Farbstoffe, die das spätere Aroma und das Aussehen des Getränks bewirken. Anschließend wird das Produkt mit anderen Zutaten so kombiniert, daß eine abgerundete Mischung entsteht.

Dinkel/Grünkern

Dinkel, auch „Spelz" oder „Veesen" genannt, gehört zur Weizenfamilie. An seinem hohen Wuchs – die Pflanze wird fast 1,50 m hoch – und der langen Ähre ist der Dinkel auf dem Feld leicht zu erkennen. Vom Saatweizen unterscheidet er sich vor allem dadurch, daß die Frucht, ähnlich wie Hafer oder Gerste, von den Spelzen so fest umschlossen wird, daß sie sich auch beim Dreschen nicht lösen.

Dinkel, ganzes Korn

Grünkern, ganzes Korn

Im Süden der Bundesrepublik wird der anspruchslose und auf mageren Böden wachsende Dinkel heute noch angebaut, während er im allgemeinen von den Feldern verschwunden ist.

Der Dinkel liefert ein wertvolles, eiweißreiches Mehl mit hohem Klebergehalt, das lange Zeit Grundlage für schwäbische Mehlspeisen war. Backwaren mit hohem Anteil an Dinkelmehl zeichnen sich durch einen besonders aromatischen Geschmack aus und halten sich lange frisch.

Viel bekannter als in ›ausgewachsenem‹ Zustand ist der Dinkel, wenn er noch ›grün hinter den Ohren‹ ist: als Grünkern. Der

Dinkel wird im halbreifen Zustand geerntet, die Getreidekörner sind dann noch grün. In Trocknungsanlagen werden die Dinkelähren nach der Ernte bei ca. 120 °C geröstet. Dadurch bekommt der Grünkern sein unverwechselbares, herzhaft-würziges Aroma.

Im Handel wird Grünkern als ganzes Korn angeboten, aber auch als Grünkernschrot, -grieß und -mehl. Alle Grünkern-Erzeugnisse ergeben im Haushalt schmackhafte Suppeneinlagen. Sie lassen sich auch vielfältig für Aufläufe, Getreidebratlinge und andere Mahlzeiten verwenden.

Hirse

Hirse zählt, wie der Hafer, zu den Rispengewächsen. Am bekanntesten sind Kolbenhirse und Rispenhirse. Die Hirse besitzt zahlreiche, kleine Körner von rundlicher Form, deren Größe und Farbe (Weiß, Gelb, rötlich oder Braun) von der Sorte abhängig ist. Spelzen hüllen das Hirsekorn schützend ein.

Hirse, ganzes Korn

Die Hirse gilt als die älteste von Menschenhand kultivierte Getreideart. Ihre Heimat ist Zentralasien. Die Chinesen und Inder der Urzeit aßen Hirse, ebenso wie die Spartaner des klassischen Griechenlands. Auch bei uns war die Hirse bekannt: die althochdeutsche Bezeichnung „Hirsi“ steht für den Namen der Göttin der Feldfrüchte. Bis in das Mittelalter hinein gehörte Hirse mit zu den Volksnahrungsmitteln, vorwiegend in Süddeutschland.

Bei der Verarbeitung der Hirse zu Lebensmitteln werden zunächst die Spelzen entfernt. Auch die hartkieseligen

Fruchtschalen des Hirsekorns sind nicht genießbar. Daher wird das Korn geschält. Die geschälten Hirsekörner lassen sich zu Mehl, Grieß oder Flocken weiterverarbeiten. Im Handel ist Hirse vorwiegend als ganzes geschältes Korn und in Form von Hirseflocken erhältlich. Hirse verleiht den Speisen einen feinwürzigen Geschmack.

Die kleinen, runden, hellgelben Körner kann man ähnlich wie Reis zubereiten und als Beilage zu Gerichten verwenden. Hirse quillt allerdings beim Kochen stärker auf, als man dies vom Reis gewohnt ist, und braucht deswegen mehr Wasser bei der Zubereitung. Hirseprodukte werden außerdem für Suppen und Breie verwendet.

Hafer

Die vielfach verzweigte Rispe ist das charakteristische Merkmal der Haferpflanze. Haferkörner unterscheiden sich in ihrer Größe stark voneinander, eine Unregelmäßigkeit, die es bei anderen Getreidearten in diesem Ausmaß nicht gibt.

Hafer, ganzes Korn

Das wohl bekannteste Haferprodukt sind die Flocken. Haferflocken sind in verschiedenen Varianten im Handel erhältlich. Großblattflocken haben eine grobe, kernige Struktur. Sie sind kräftig-knusprig und daher besonders gut für Frühstücks-Getreidespeisen geeignet. Kleinblattflocken sind weicher und zarter. (Um sie herzustellen, werden die Haferkerne vor dem Dämpfen und Walzen auf Schneidemaschinen in Stücke – Hafergrütze – geschnitten.) Kleinblattflocken eignen sich z. B. für Hackfleischgerichte, Aufläufe und Gebäck.

Schnellösliche bzw. Instant-Flocken werden aus Hafermehl gewonnen. Sie lösen sich in Milch oder Saft sofort auf. In dieser Form werden sie als Konzentratnahrung für Sportler bei Training und Wettkampf empfohlen. Zarte Plätzchen und Kuchen gelingen besonders gut damit. Weiterhin sind Instant-Flocken ein gutes Bindemittel für Suppen, Soßen und Eintopfgerichte.

Bei den Haferprodukten sind noch Hafermehl und Hafergrütze zu erwähnen. Hafermehl wird zur Herstellung von Säuglingsnahrung und Kinder-Fertigbreigerichten meist industriell verwertet.

Mais

Mit seiner Höhe von 2,50 m ist der Mais wohl die imponierendste Pflanze unter den Getreidearten. Die großen, als Kolben bezeichneten Fruchtstände sind in vielen Reihen dicht mit Körnern von meist gelber Farbe und glänzender Oberfläche besetzt. Es gibt aber auch Maissorten, die weiße, rote, blaue und orangefarbene Körner hervorbringen.

Mais, ganzes Korn

Bereits 3000 Jahre v. Chr. wurde Mais in Peru und Mexiko angebaut, wie man aus archäologischen Funden schließen kann.

Das bei uns bekannteste Maisprodukt sind die Cornflakes. Maismahlerzeugnisse sind als Maismehl, als Maisgrieß-fein (auch als Polenta bezeichnet) und als Maisgrieß-grob (oder Kukuruz) erhältlich. Maisgrieß eignet sich für die Zubereitung von Klößen, Pfannkuchen und Kroketten. In anderen europäischen Ländern wird Maisgrieß für die Bierherstellung eingesetzt.

Maismehl läßt sich für Kuchen, Puddinge und zum Binden von Suppen und Soßen verwenden. Maisprodukte sind in vielen Ländern ein wichtiges Nationalgericht, so als „Polenta“ in Italien und als „Tortillas“ (Maisfladen) in Mittel- oder Südamerika.

Popcorn (Puffreis) gewinnt man aus vorgequollenem Mais, der unter Überdruck in einer ›Puffkanone‹ gedämpft wird. Man kann Popcorn auch selbst herstellen, beispielsweise in einer normalen Pfanne mit Deckel oder in einem feuerfesten Glasgefäß. Wichtig: Der Topf muß groß genug sein, damit das fertige Popcorn darin Platz findet.

Zum Binden von Suppen und Soßen, Flammeris und Kaltschalen wird Speisestärke benötigt. Mais ist dafür die wichtigste Getreideart.

Nicht unerwähnt soll bleiben, daß der Mais auch als Gemüse eine wichtige Rolle spielt. Für die Herstellung von Gemüsemais verwendet man die Körner einer süß schmeckenden Maisart, Zuckermais genannt. Die Maiskolben werden milchreif, also im Zustand der Halbreife, geerntet und entweder frisch oder als Konserve gehandelt.

Gemüsemais schmeckt roh, aber auch in Salzwasser gegart und mit einem Stück Butter verfeinert. Gemüsemais läßt sich nur kurze Zeit im Kühlschrank oder bei Zimmertemperatur aufbewahren. Er verliert schnell durch Zuckerabbau seinen süßen Geschmack. Unreifer Mais wird in Form von Maiskolben in Essig eingelegt.

Vorteilhaft ist eine Getreidemühle als Zusatzgerät zur elektrischen Küchenmaschine. Diese leistungsstarke Getreidemühle mahlt ca. 200 g Weizen in einer Minute „feinst". Die Mühle ist zur Herstellung von Vollkornschrot und Vollkornmehl gut geeignet. Hafer wird gut, Leinsamen nur im Gemisch mit Getreide verarbeitet.

Vorteile: Hohe Mahlleistung auch bei feiner Einstellung, praktische Handhabung, gute Reinigungsmöglichkeit. Bei grober Einstellung liefert diese Mühle einen flockigen Vollkornschrot, der sich gut zur Müslizubereitung eignet.

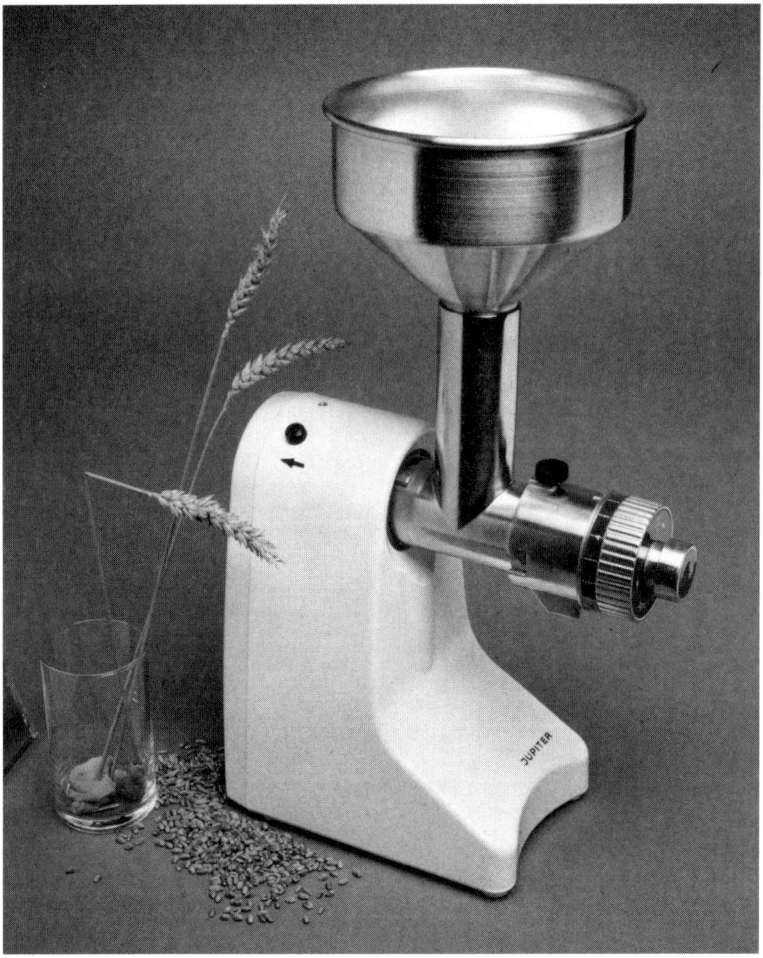

Das hochwertige Stahl-Kegelmahlwerk dieser Getreidemühle quetscht, mahlt und schrotet stufenlos von feinem Mehl bis grobem Schrot: trockene Getreidearten, ölhaltigen Mohn und Leinsamen; einfach alles, was für eine gesunde Vollwertküche gebraucht wird.

Leistungsbeispiele:

Mohn, gequetscht	ca. 40– 60 g/Minute
Leinsamen, geschrotet	ca. 20– 40 g/Minute
Weizen, Roggen, Gerste, Hafer, grob geschrotet	ca. 140–160 g/Minute
mehlfein	ca. 60– 75 g/Minute

Diese Getreidemühle ist vielseitig durch weitere Vor- und Zusatzgeräte.

So wird gekeimt

Wer häufig selbstgezogene Keimlinge in der Küche verwendet, für den lohnt sich die Anschaffung einer Keimbox. So wird gekeimt:

Das durchsichtige Oberteil der Keimbox abschrauben und die auf der Packung angegebene Menge Saat in das gelbe Unterteil füllen. Durchsichtiges Oberteil wieder aufschrauben.

Die Keimbox unter fließendem, nicht zu kaltem Wasser kräftig durchspülen. Die Keimlinge morgens und abends spülen, und sie danach durch leichtes Schütteln der Box auflockern, damit sie mehr Platz zum Wachsen haben.

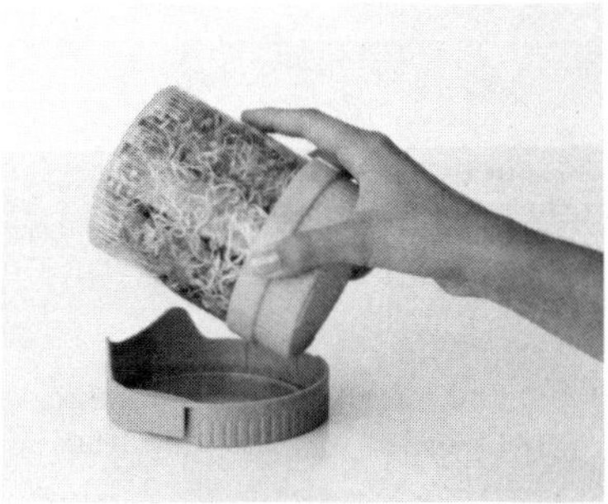

Die Keimbox abtropfen lassen und schräg in die grüne Schale stellen.

Nach 4–6 Tagen: den Inhalt der Keimbox in eine Schüssel mit kaltem Wasser geben und dabei die Keimlinge vorsichtig auseinanderzupfen. Evtl. mit einem Schaumlöffel die losen Samenhüllen abschöpfen. Die Keimlinge herausnehmen und abtropfen lassen.

Abkürzungen

EL	=	Eßlöffel
TL	=	Teelöffel
TK	=	Tiefkühlkost
Msp	=	Messerspitze
g	=	Gramm
kg	=	Kilogramm
ml	=	Milliliter
l	=	Liter

Häufig gebrauchte Maße

1 Tasse Getreidekörner	= etwa 100 g
1 gehäufter EL Getreidekörner	= etwa 20 g
1 Tasse Wasser oder Milch	= etwa 140 g
1 EL Öl	= etwa 10 g
1 Tasse Sahne	= etwa 120 g
1 TL Honig, flüssig	= etwa 12 g
1 EL Honig, flüssig	= etwa 30 g

Gereinigtes Getreide verarbeiten

Getreide von Schmutz und Unkrautsamen befreien. Auch der heute seltene Pilzparasit, das Mutterkorn, darf nicht enthalten sein. Es ist ein schwärzliches, meist stark vergrößertes Getreidekorn. Mutterkorn führt zu lebensgefährlichen Vergiftungen. Vorsicht!! Ungereinigtes Getreide vor der Verarbeitung unbedingt verlesen.

Lockeres Brot

Je länger und gründlicher der Teig geknetet wird, um so lockerer wird das Brot.

Zwei- bis dreimal gehenlassen

Hefeteig zwei- bis dreimal gehenlassen, zwischendurch kurz durchkneten.

Der gute Tip

Frischkornbrei nicht stehen lassen, denn der Sauerstoff zerstört alle wichtigen Vitamine.

Gemüse mit Biß

Wenn Sie Gemüse garen, dann knapp und schonend. Wird Gemüse zu lange gegart, werden wertvolle Inhaltsstoffe zerstört. Richtig gegartes Gemüse hat Biß!

Frische Kräuter

Kräuter bereichern unseren Speisezettel. Sie enthalten wichtige Vitamine, Mineralstoffe und Spurenelemente. Sie würzen unsere Speisen mit ihren Aromastoffen, so daß wir Salz einsparen können.

Wertvolle Kartoffeln

Kartoffeln enthalten viel Stärke, kaum Fett, wenig Eiweiß, aber Mineralstoffe, Vitamine und Zellulose. Um die wertvollen Bestandteile zu erhalten, möglichst als Pellkartoffeln garen.

Milch – nahrhaftes Getränk

Milch enthält fast alle Nährstoffe, die der Mensch benötigt. Verwenden Sie Milch nicht nur als Durstlöscher, sondern auch als Zwischenmahlzeit.

Müsli

Frischkornbrei
Frischkornmüsli
Frischkornmüsli aus geschrotetem Getreide
Quark-Frischkornbrei
Sechskornmüsli mit Feigen
Hafermüsli

Frischkornbrei

Zutaten:

240 g Getreide (z. B. Weizen, Roggen, Gerste oder Hafer), 1 großer Apfel, 2 Bananen, 6 EL süße Sahne, 1 Apfelsine, Saft einer halben Zitrone, 30 g frisch gehackte Nüsse, Honig nach Geschmack.

Zubereitung:

Das Getreide abends frisch schroten und mit Wasser zu einem Brei verrühren, zugedeckt über Nacht stehenlassen.

Am nächsten Morgen den Apfel grobgeraspelt, die Bananen und die Apfelsine feingewürfelt, den Saft der halben Zitrone, die süße Sahne, die gehackten Nüsse und den Honig nach Geschmack mit dem Frischkornbrei vermengen.

Den fertigen Brei sofort servieren.

Zeitaufwand: ca. 15 Minuten.

Frischkornmüsli

Zutaten:

120 g Weizenkörner, 120 g Haferkörner, 200 ml Milch, 1 Zimtstange, 8 frische Datteln, 40 g Weinbeeren, 1 EL Butter, 2 EL gehackte Pistazien, Ahornsirup.

Zubereitung:

Hafer- und Weizenkörner waschen, abtropfen lassen, mit Milch verrühren und mit der Zimtstange über Nacht im Kühlschrank quellen lassen. Die Datteln halbieren, entsteinen und in lange, schmale Streifen schneiden. Weinbeeren waschen.

Butter zerlassen, die Körner darin etwa 7 Minuten rösten, dann mit den Datteln und Weinbeeren mischen, mit den Pistazien bestreuen, Ahornsirup darüberträufeln und mit heißer Milch servieren.

Zeitaufwand: ca. 15 bis 20 Minuten.

Frischkornmüsli aus geschrotetem Getreide

Zutaten:

160 g grobgeschrotetes Getreide, 160 g Wasser, 400 g Joghurt, etwas Milch, 400 g bis 600 g Obst nach Jahreszeit, Honig nach Geschmack, 4 EL Trockenobst, 4 EL Haselnüsse.

Zubereitung:

Das Getreide abends nach dem Schroten mit dem Wasser zu einem dicken Brei verrühren und bis zum nächsten Morgen zugedeckt quellen lassen. Das Trockenobst und die Haselnüsse ebenfalls in wenig Wasser einweichen.

Morgens werden alle Zutaten miteinander vermischt.

Zeitaufwand: 15 Minuten.

Quark-Frischkornbrei

Zutaten:

80 g Weizen,
80 g Hafer,
80 g Gerste,
400 g Wasser,
4 EL Trockenfrüchte,
4 TL Honig, 4 Äpfel,
Zitronensaft, 80 g
Nüsse oder Obst je nach Jahreszeit,
Quark.

Zubereitung:

Das Getreide ganz oder grob schroten und über Nacht einweichen lassen. Die Trockenfrüchte ebenfalls einweichen. Am Morgen die größeren Trockenfrüchte kleinschneiden und die Äpfel raffeln. Honig und Zitronensaft dazugeben und mit dem Quark und den gemischten Nüssen gut verrühren. Evtl. noch etwas Milch und Sahne unterheben.

Zeitaufwand: 40 Minuten.

Sechskornmüsli mit Feigen

Zutaten:

120 g gemischtes Getreide (Roggen, Weizen, Hafer, Gerste, Hirse, Buchweizen)
Wasser zum Einweichen
4 getrocknete Feigen
1 gehäufter EL gehackte Mandeln
6 EL Milch oder Sahne
4 mittelgroße Äpfel oder anderes Obst, der Jahreszeit entsprechend

Zubereitung:

Am Abend das Getreide grob schroten und mit etwas Wasser zu einem dicken Brei verrühren. Zugedeckt im Kühlschrank bis zum nächsten Morgen stehenlassen. Getrennt davon die sehr kleingeschnittenen Feigen in etwas Wasser einweichen.

Am nächsten Morgen die Feigen mit dem Einweichwasser (wer mag, kann sie auch noch im Mixer zerhacken) und den Mandeln zum Getreide geben. Die Milch unterziehen.

Zum Schluß die Äpfel reiben und mit dem Müsli verrühren. Sofort servieren!

Zeitaufwand: ca. 20 Minuten.

Hafermüsli

Zutaten:

120 g Hafer
Wasser zum Einweichen
2 EL Rosinen
1 Becher Kefir oder Dickmilch
1 EL Leinsamen
1 EL Sonnenblumenkerne
2 Äpfel
250 g Zwetschgen oder anderes Obst, je nach Jahreszeit

Zubereitung:

Am Abend den Hafer grob schroten und mit etwas Wasser zu einem dicken Brei verrühren. Zugedeckt im Kühlschrank bis zum nächsten Morgen stehenlassen. Getrennt davon 2 Eßlöffel Rosinen in etwas Wasser einweichen.

Am nächsten Morgen die Rosinen zusammen mit dem Einweichwasser, dem Leinsamen, den Sonnenblumenkernen und dem Kefir zum Hafer geben und alles miteinander verrühren.

Die Äpfel reiben, die Zwetschgen entsteinen und kleinschneiden und beides unter das Müsli heben. Sofort servieren!

Zeitaufwand: ca. 20 Minuten.

Suppen

Champignon-Tomaten-Suppe
Gemüsesuppe mit Klößchen
Gersten-Gemüsesuppe
Curry-Gemüsesuppe mit Gerste
Hafersuppe mit Champignons
Käsesuppe
Roggenschrotsuppe mit Nüssen
Rotgrüne Gemüsesuppe
Vollkornschrotsuppe

Champignon-Tomaten-Suppe

Zutaten:

60 g Butter,
3 große Zwiebeln,
400 g Champignons,
50 g Weizenfeinschrot,
1 l Gemüsebrühe,
2 Eier, 3 Tomaten,
30 g Butter, 1/8 l Sahne,
1/4 Glas Weißwein,
Salz, Pfeffer,
Muskatnuß,
Muskatblüte, Paprika,
Schnittlauch,
Petersilie, Estragon.

Zubereitung:

Butter auslassen, Zwiebeln in Scheiben schneiden, Champignons blättrigschneiden; einige zurücklegen.

Butter, Zwiebeln und Pilze andünsten, Weizenschrot zugeben und kurze Zeit mitdünsten, 1 l Gemüsebrühe auffüllen, aufkochen und ausquellen lassen. 2 hartgekochte Eier würfeln und hinzugeben. Die Tomaten würfeln und ohne Inneres in die Suppe geben. Restliche Champignons, Butter, Sahne und Weißwein hinzufügen. Mit den Gewürzen abschmecken. Die Kräuter feinhacken und unterrühren.

Zeitaufwand: 30 bis 40 Minuten

Gemüsesuppe mit Klößchen

Zutaten:

2 Kohlrabi,
250 g Möhren,
250 g Kartoffeln,
1 Bund Petersilie,
Dill, Schnittlauch,
250 g Rindermett,
1 Ei, 1 Roggenbrötchen (in Wasser eingeweicht und ausgedrückt),
1 TL Senf, 1 Zwiebel,
Salz, Pfeffer, 1 l Rinderfleischbrühe,
4 EL Sahne.

Zubereitung:

Kohlrabi, Möhren und Kartoffeln schälen. Die Kräuter hacken und die Hälfte davon mit dem Mett, dem Brötchen, Ei, Senf, der geriebenen Zwiebel, Salz und Pfeffer mischen. Kleine Klößchen formen und in leicht gesalzenem Wasser garziehen lassen.

Kohlrabi in Streifen, Möhren in Scheiben und Kartoffeln in Würfel schneiden. Das Gemüse in der Brühe etwa 20 Minuten kochen.

Die Hälfte der Suppe, die Sahne und die restlichen Kräuter im Mixer oder durch ein Sieb pürieren. Die Klöße und die restliche Suppe zugeben und alles im Topf erhitzen.

Zeitaufwand: ca. 45 Minuten.

Gersten-Gemüsesuppe

Zutaten:

125 g Gerste,
1/4 l Wasser,
1 l Gemüsebrühe,
1 Wurzel,
250 g Sellerie,
1 Stange Porree,
1 EL Sojasoße,
Salz, Pfeffer und
Petersilie.

Zubereitung:

Die Gerste über Nacht in 1/4 l Wasser einweichen und abtropfen lassen. In 1 l Gemüsebrühe die abgetropfte Gerste 20 Minuten kochen.

Die Wurzeln, Sellerie und den Porree waschen, putzen, zerkleinern und zur Brühe geben, 10 Minuten weiterkochen.

Die Suppe mit Sojasauce, Salz und Pfeffer abschmecken und mit Petersilie garnieren.

Zeitaufwand: ca. 40 Minuten.

Curry-Gemüsesuppe mit Gerste

Zutaten:

150 g Sprießkorngerste, ¾ l Gemüsebrühe, 1 kg Erbsen, 500 g Spinat, ½ Blumenkohl, 250 g Möhren, 1 Bund Frühlingszwiebeln, 20 g Butter, 1½ EL Curry (mild), ¼ l Schlagsahne.

Zubereitung:

Die Gerste in der Gemüsebrühe 1 Stunde bei milder Hitze kochen lassen. Erbsen auspulen, den Spinat verlesen und waschen, grobe Stengel entfernen. Blumenkohl waschen, die Röschen abschneiden, den Strunk feinwürfeln. Möhren waschen und in Scheiben schneiden. Frühlingszwiebeln putzen, waschen, in Ringe schneiden.

Die Butter bei milder Hitze schmelzen, den Curry darin kurz anschwitzen. Mit der Sahne auffüllen, auf die Hälfte einkochen lassen. Blumenkohl und Möhren in die Suppe geben, 10 Minuten bei milder Hitze garen, Erbsen, Frühlingszwiebeln und Spinat zugeben und weitere 5 Minuten garen.

Vor dem Servieren Currysahne unterrühren.

Zeitaufwand: 2 Stunden.

Hafersuppe mit Champignons

Zutaten:

1 l Wasser, 2 Gemüsebrühwürfel, 8 EL Nackthafer, 200 g Champignons, 2 EL steifgeschlagene Sahne, 2 EL gehackte Petersilie.

Zubereitung:

Das Wasser mit den Gemüsebrühwürfeln in einem Topf zum Kochen bringen. Den Hafer mahlen, zufügen und aufkochen.

Die Champignons putzen, waschen, in Scheiben schneiden und in die heiße Hafersuppe geben. Kurz darin ziehen lassen.

Die Schlagsahne zufügen und die Suppe mit der gehackten Petersilie bestreuen.

Zeitaufwand: ca. 10 bis 15 Minuten.

Käsesuppe

Zutaten:

500 g Mett, 3 Stangen Porree, 2 große Zwiebeln, 1 l Brühe, Salz, Pfeffer und Knoblauch nach Geschmack, 1 Dose geschnittene Champignons, 150 g Sahne-Schmelzkäse und 150 g Kräuter-Schmelzkäse.

Zubereitung:

Das Mett ohne Fett mit dem geschnittenen Porree, der gehackten Zwiebel und den Pilzen andünsten, mit Brühe auffüllen und ca. 10 Minuten leicht kochen lassen. Den Käse in die kochende Suppe geben, bis er geschmolzen ist. Alles noch einmal aufkochen und mit den Gewürzen abschmecken.

Zeitaufwand: 30 Minuten.

Roggenschrotsuppe mit Nüssen

Zutaten:
60 g Roggen,
3/4 l Wasser,
3 EL gehackte Haselnüsse, 1 1/2 Würfel Gemüsebrühe,
3 EL Sahne,
20 g Butter,
1 gestr. TL Kümmel,
Kräutersalz, gehackte Petersilie.

Zubereitung:
Mittelgrob geschroteten Roggen in das Wasser einrühren und ca. 2 Stunden quellen lassen. Die Suppe einmal aufkochen, dann auf der ausgeschalteten Herdplatte 20 Minuten ziehen lassen. Nach 10 Minuten Nüsse hinzufügen. Zum Schluß die Brühwürfel zugeben und die Suppe erhitzen, aber nicht mehr kochen lassen. Sahne und Butter unterziehen und mit heißem Wasser zur gewünschten Konsistenz verdünnen. Die Suppe mit Kümmel und Kräutersalz abschmekken, mit Petersilie bestreuen und servieren.

Als Variante kann frisches Gemüse mitgegart werden.

Zeitaufwand: 20 bis 30 Minuten.

Rotgrüne Gemüsesuppe

Zutaten:
1. Kombination Wirsing-/Rosenkohl:
250 g Kartoffeln, 250 g Wirsing-/Rosenkohl,
3/4 l Gemüsebrühe,
Muskatblüte,
1/2 Becher Sauerrahm;
2. Kombination:
250 g Kartoffeln,
250 g Möhren/Tomaten, 3/4 l Gemüsebrühe, Selleriesalz, 1/2 Becher Sauerrahm.

Zubereitung:
Jede Suppe für sich kochen, pürieren und mit Gewürzen (eventuell auch Salz und Pfeffer) und Sauerrahm abschmecken.

Die Suppen dann zugleich (mit 2 Kellen) auf einen Teller füllen; so bleiben die Farben für sich (optisch sehr appetitanregend).

Die Suppen lassen sich verändern, zum Beispiel durch Brokkoli o. ä., der Jahreszeit entsprechend.

Zeitaufwand: 20 Minuten (plus Garzeit).

Vollkornschrotsuppe mit rohem Gemüse

Zutaten:
1 Zwiebel, 1 EL Sonnenblumenöl, 1 EL Wasser, 50 g mittelfein geschroteten Weizen, 1 l Wasser, 2 Gemüsebrühwürfel,
400 g Gemüse,
30 g Butter, 4 EL Sahne, 2 EL Weißwein, 1 TL Majoran, Kräutersalz, Kräuter.

Zubereitung:
Zwiebelwürfel 5 Minuten in Öl und 1 EL Wasser erhitzen. Das Weizenschrot unter Umrühren darüberstreuen. Wasser und Brühwürfel hinzufügen und 10 Minuten leise kochen.

Das geputzte, zerkleinerte Gemüse hinzugeben und nicht mehr kochen. Butter, Sahne, Wein und Kräuter dazugeben. Statt Butter kann man auch eine Ecke Schmelzkäse nehmen.

Zeitaufwand: 40 Minuten.

Getreidegerichte/ Aufläufe

Apfel im Versteck
Auberginen-Grünkern-Auflauf
Birnenauflauf
Dänische Spinattorte
Flammeri aus Weizenschrot
Frittata
Gebackener Reis mit Zwiebelsoße
Grünkernauflauf mit Apfel-Frischkost
Gerstenbratlinge mit Schwarzwurzeln
Gemüse-Getreide-Frikadellen
Graupen mit Orangen-Filets
Grünkern-Frikadellen
Gurkenauflauf
Luftige Sesam-Küchlein
Gurken mit Grünkernfüllung
Kartoffel-Roggen-Auflauf
Hirse-Quark-Speise
Hirse-Sahne-Speise
Käse-Graupen-Buletten
Paprika-Möhren-Torte
Sahnehirse mit Früchten
Zwieback-Auflauf
Pikanter Hirsering
Pikanter Gerstenring
Pikante Roggengrütze
Rhabarberauflauf mit Schneemütze
Walnußbällchen mit Möhrensalat
Weizen-Käse-Klößchen
Wirsing-Lasagne
Zucchini-Auflauf
Hirse-Frucht-Auflauf
Kartoffel-Tomaten-Auflauf

175 g
Sahne
Dickmilch
Der mild-sahnige Hochgenuß

Apfel im Versteck

Zutaten:

500 g Äpfel, 3–4 EL Schmand, 2 EL Zitronensaft, 2 EL Honig, 2 EL eingeweichte Rosinen, 120 g grobgeschroteter Weizen, 50 g gehackte Nüsse, 70 g Butter, 1 EL Honig, Salz, Zimt, 125 g Quark, 125 g Milch, 125 g Sahne, 2 EL Honig, 1 EL Vanille-Rum, ¼ TL echte Vanille.

Zubereitung:

Die Äpfel waschen, in dünne Scheiben schneiden und mit Zitronensaft beträufeln. Mit der sauren Sahne, den Rosinen und dem Honig in eine Auflaufform schichten. Die anderen Zutaten zu einer kremigen Masse verarbeiten und über die Äpfel füllen. Bei 200 °C etwa 25 bis 30 Minuten backen.

Soße: Quark, Milch, Honig und Gewürze verrühren. Sahne steifschlagen und unterheben. (Besonders bei Kindern beliebt).

Zeitaufwand:

20 Minuten Vorbereitungszeit, 30 Minuten Garzeit.

Auberginen-Grünkern-Auflauf

Zutaten:

2 Tassen Grünkerne, 4 Tassen Wasser, getr. Kuchengewürz, 2 Auberginen, 3 Eier, etwas geriebenen Käse, gehackte Walnüsse, Tomatensoße, Basilikum.

Zubereitung:

2 Tassen Grünkerne in 4 Tassen Wasser mit den getrockneten Küchenkräutern über Nacht einweichen und weichquellen lassen. Die Auberginen längs aufschneiden, aushöhlen und in etwas Fett und Wasser dünsten. Die Grünkernmasse mit 3 Eiern, etwas geriebenem Käse und gehackten Walnüssen mischen und in die Auberginenhälften füllen, 10 Minuten dünsten.

Basilikum darüberstreuen; dazu Kartoffeln und Tomatensoße servieren.

Zeitaufwand: 1 Stunde.

Birnenauflauf

Zutaten:

600 g Birnen, etwas Fett, ⅛ l Rotwein, geriebene Zitronenschale, 40 g Honig, 4 Nelken, ½ Stange Zimt, 70 g Butter, 30 g Fruchtzucker, 2 EL Zitronensaft, 3 Eier getrennt, 70 g Haferflocken.

Zubereitung:

600 g Birnen schälen, halbieren, entkernen. Eine feuerfeste Form ausfetten und die Birnen einlegen.

⅛ l Rotwein, geriebene Zitronenschale, 40 g Honig, 4 Nelken und Zimt aufkochen, Nelken und Zimtrinde entfernen; 70 g Butter, 30 g Fruchtzucker und 2 EL Zitronensaft schaumigrühren, 3 Eigelb zugeben. 3 Eiweiß steifschlagen und unterziehen, 70 g Haferflocken unterheben. Die Masse über die Birnen streichen. 40 Minuten bei 200 °C backen.

Zeitaufwand: 1 Stunde.

Dänische Spinattorte

Zutaten:

500 g Pellkartoffeln, 4 Eier getrennt, Meersalz, Pfeffer, Muskat, 1 Zwiebel, 20 g Butter, 1 kg frischen oder tiefgefrorenen Spinat, 100 g geriebenen Käse.

Zubereitung:

Pellkartoffeln durch eine Presse drücken, mit Eigelb, Gewürzen und eventuell etwas Milch verrühren. Die Zwiebel hacken und in Butter leicht andünsten, ebenfalls den aufgetauten Spinat. Alles miteinander vermischen, Eischnee und den geriebenen Käse unterheben.

Die Masse in eine gefettete Auflaufform füllen und bei 200 °C ca. 45 Minuten backen.

Flammeri aus Weizenschrot

Zutaten:

400 ml Milch, ½ Vanilleschote, etwas Zimt, 2 EL Honig, 2 Eier, 100 g feines Weizenvollkornschrot, Obst entsprechend der Jahreszeit.

Zubereitung:

Die Milch und das Mehl mit der ausgeschabten Vanilleschote aufkochen. Sobald das Mehl zu binden beginnt, den Topf vom Herd nehmen.

Eiweiß zu Schnee schlagen. Eigelb mit dem Zimt und Honig verschlagen und alles unter den Milchbrei rühren. Flammeri in Glasschüsseln füllen, evtl. mit frischem Obst beschichten oder dazureichen.

Zeitaufwand: 20 Minunten.

Frittata

Zutaten:

1 mittelgroße Zwiebel (gehackt), 1 Knoblauchzehe (gehackt), 4 EL Butter, 150 g frischer Spinat, ½ TL Basilikum, ½ TL Rosmarin, Salz, frisch gemahlener Pfeffer, 6 kleine Zucchinis oder 750 g anderes frisches, mildes Gemüse (z. B. Fenchel, Blumenkohl, Chicorée), 4 Eier, 300 g geriebener Käse (darunter mindestens 50 g Parmesan), 300 g Vollkornbrotwürfel oder -brösel, Fett für die Form.

Zubereitung:

Zwiebeln und Knoblauch in der Butter weichdünsten, den Spinat dazugeben und kurz mitdünsten. Mit Basilikum, Rosmarin, Salz und Pfeffer würzen. Gemüse in nicht zu feine Stückchen schneiden, halbgar kochen, in einem Sieb abtropfen lassen. Eier mit Käse und Vollkornbrösel mischen und zu den übrigen Zutaten geben.

In eine gut gefettete Brot- oder Auflaufform (ca. 1½ l) füllen und bei 225 °C 30 Minuten backen, bis die Masse fest ist.

Wie Brot schneiden oder auslöffeln. Mit Kräutersoße und einem Tomatensalat servieren.

Zeitaufwand: 70 Minuten.

Gebackener Reis mit Zwiebelsoße

Zutaten:
Öl, Naturreis, Tomatenmark, Salz, Thymian, Weizen, Backpulver, 2 Eier, ¼ l Milch und Zwiebeln.

Zubereitung:
2 Tassen Naturreis in 2 EL heißem Öl andünsten, 4 TL heißes Wasser dazugeben und 20 Minuten zugedeckt kochen und abkühlen lassen.

In den abgekühlten Reis 3 EL Öl, 70 g Tomatenmark, 1 TL Thymian und Salz hineinrühren.

Pfannkuchenteig zubereiten aus: 100 g gemahlenem Weizen, 1 TL Backpulver, 2 Eiern und ¼ l Milch.

Teig und Reis zusammenrühren und in einer gefetteten Auflaufform 30 Minuten bei 200 °C garen.

Dazu reiche ich eine Zwiebelsoße aus: 2–4 Zwiebeln in Öl gedünstet und mit 1 TL Kümmel abgeschmeckt, ½ l Wasser dazu und mit Mehl binden, evtl. Salz und Pfeffer (Soße kann auch durch ein Sieb passiert werden).

Zeitaufwand: ca. 45 Minuten (ohne Garzeit).

Grünkernauflauf mit Apfel-Frischkost

Zutaten
für den Auflauf: 200 g Grünkern, 200 g Quark, 50 g Haferflocken, 250 g Lauch, 100 g würziger Schnittkäse, 2 EL Öl, Oregano, Estragon, Kümmel, Salz (Kräutersalz); für die Frischkost 3 Stangen Porree, 2 gr. Äpfel, 2 EL geh. Nüsse, 3–4 EL Öl, Saft von 1 Zitrone, Salz, ½ TL Honig (oder Sahne).

Zubereitung:
Grünkern mit Wasser (1:2,2) aufkochen und nachquellen lassen.

Lauch schneiden, andünsten, gut mit Kümmel und Salz würzen. Den Quark, die Haferflocken mit Oregano, Salz und Estragon mischen und unter den Grünkern heben. Eine Auflaufform ausfetten und die Masse in die Form schichten. Im Backofen bei 170 °C 30 Minuten backen.

Den geriebenen Käse überstreuen und nochmals kurz überbacken.

Den Porree längs halbieren, waschen und in Ringe schneiden. Die Äpfel blättrigschneiden und mit dem Porree und den gehackten Nüssen gut mischen.

Marinade herstellen aus Öl, Zitronensaft, Salz und Honig (oder Sahne) und über die Frischkost geben.

Zeitaufwand: 50 Minuten.

Gerstenbratlinge mit Schwarzwurzeln

Zutaten:

2 Tassen Gerste über Nacht einweichen, 1 Zwiebel in etwas Fett andünsten, 2 EL Sojamehl, 2 Eier, ½ TL Salz, Petersilie, 100 g geriebener Käse, weißer Pfeffer, 1 kg Schwarzwurzeln, Weißwein, nochmals 100 g geriebener Käse für die Soße, 2 EL Joghurt, Pfeffer.

Zubereitung:

Die eingeweichte Gerste zerkleinern (Fleischwolf) und mit den anderen Zutaten vermischen. Bratlinge formen und von beiden Seiten knusprigbraten.

Die Schwarzwurzeln zubereiten, ca. 15 bis 20 Minuten weichkochen. Vom Gemüsewasser eine helle Soße herstellen, mit 100 ml Weißwein, geriebenem Käse, Joghurt und weißem Pfeffer würzen.

Alles zusammen mit Salzkartoffeln anrichten.

Zeitaufwand: ca. 90 Minuten.

Gemüse-Getreide-Frikadellen

Zutaten:

100 g Weizen, 100 g Hirse, 100 g Naturreis, 100 g Möhren, ½ Knolle Sellerie, 1 Päckchen Tiefkühlkräuter, 1 TL Kräutersalz, Pfeffer, Paprika, 2 Eier, Haferflocken zum Binden, Öl zum Braten.

Zubereitung:

Den Weizen über Nacht einweichen und dann mit Hirse, Naturreis und ca. 900 ml Wasser aufkochen und ausquellen lassen. Möhren geraspelt, Sellerie gerieben, Kräuter, Kräutersalz, Pfeffer, Paprika, Eier und Haferflocken zufügen und vermengen.

Das Ganze kräftig abschmecken und Frikadellen formen. Das Öl erhitzen, die Frikadellen anbraten und ca. 10 Minuten garen.

Dazu passen verschiedene Soßen (zum Beispiel Senfsoße).

Zeitaufwand: ca. 1 Stunde (ohne Einweichzeit).

Graupen mit Orangen-Filets

Zutaten:

200 g Gersten-Graupen, ½ l Orangensaft, 1 Stange Zimt, Schale einer unbehandelten Zitrone, 2 EL Honig, 250 g Sahnequark, 3 Apfelsinen.

Zubereitung:

Graupen unter fließendem Wasser abspülen, mit dem Orangensaft, Zimt und Zitronenschale in einem Topf aufkochen lassen.

Bei schwacher Hitze ca. 30 Minuten ausquellen lassen. Honig und Sahnequark unter die Graupen rühren.

Die Orangen schälen, filieren und vorsichtig unter die Graupen heben.

Zeitaufwand: ca. 50 Minuten.

Grünkern-Frikadellen

Zutaten:

280 g Grünkern, 600 ml Wasser, 1–2 Lorbeerblätter, 3–4 Eier, 150 g Zwiebeln, 3 Knoblauchzehen, Pfeffer, Senf, Paprika, Majoran und Kräutersalz, 100 g Emmentaler.

Zubereitung:

Grünkern mittelfein mahlen. Mit dem Lorbeerblatt, Salz und Wasser eine Gemüsebrühe ansetzen. Unter ständigem Rühren kochen und auf kleinster Flamme ca. 20 Minuten quellen lassen. Abkühlen lassen.

Dann die Eier, gewürfelte Zwiebeln und alle Gewürze einarbeiten und den gewürfelten Käse untermengen. Frikadellen formen. Kokosfett in einer Pfanne erhitzen und die Frikadellen von jeder Seite ca. 5 bis 7 Minuten braten.

Abwandlung: Man belegt die Frikadellen mit frischen Ananasscheiben und Emmentaler Käse und läßt sie 15 Minuten bei 200 °C überbacken.

Zeitaufwand: ca. 1 Stunde.

Gurkenauflauf

Zutaten:

250 g Gurken, 3 TL gekörnte Brühe, 20 g Pflanzenfett, 1 Zwiebel, 250 g frische Champignons, 2 kleine Stangen Porree, 1 Becher (150 g) saure Sahne, Salz, frisch gemahlenen Pfeffer, 30 g Butter, 50 g Emmentaler.

Zubereitung:

Gurken grobraffeln, ½ l Wasser mit der Brühe aufkochen, Gurken ca. 30 Minuten darin quellen lassen.

Fett erhitzen, Zwiebeln, Champignons und Porree darin andünsten, mit saurer Sahne und Gewürzen abschmecken, Auflaufform einfetten, alles einschichten: Gurken, Zwiebeln, Champignons, Porree, Gurken. Butter in Flöckchen daraufgeben. Bei 200 °C 30 Minuten backen.

Dazu Tomatensoße und Salat reichen.

Zeitaufwand: 60 Minuten.

Luftige Sesam-Küchlein

Zutaten:

2 Tassen Reis, 4 Tassen Wasser, ¼ Tasse Milch, 2 Eigelb, 4 EL Vollkornmehl, Salz und Pfeffer, ¼ Tasse geröstete Sesamkerne, 2 Eiweiß, Öl zum Ausbacken.

Zubereitung:

Die 2 Tassen Reis waschen und in 4 Tassen Wasser garkochen.

Milch, Eigelb, Vollkornmehl, Pfeffer und Salz vermengen. Die Sesamkerne mit dem Reis unter die Masse mischen. Eiweiß steifschlagen und unterziehen.

Öl erhitzen und die Sesam-Küchlein backen.

Zeitaufwand: ca. 45 Minuten.

Gurken mit Grünkernfüllung

Zutaten:

160 g Grünkern, 350 ml Gemüsebrühe, 1 große Zwiebel, 1 große Möhre, 1 Stange Lauch, Petersilie, 125 g Magerquark, 50 g leicht angeröstete Sonnenblumenkerne, 1 Ei, 2 EL Vollkorn-Semmelbrösel, Meersalz, Pfeffer, 2 mittelgroße Gurken, ca. 50 g geriebener Käse, 100 ml Sahne, gehackte Kräuter, Fett für die Form.

Zubereitung:

Grünkern einige Stunden in Wasser einweichen, die Gemüsebrühe zugießen und alles zum Kochen bringen. Bei geringer Energiezufuhr (Stufe ½ bis 1) ca. 30 Minuten garen.

Zwiebel und Möhre in kleine Würfel, den Lauch in feine Streifen schneiden. Die Petersilie hacken. Das Gemüse kurz andünsten und mit Quark, Sonnenblumenkernen, Ei und Semmelbröseln verrühren.

Die gegarten Grünkerne hinzugeben und würzen. Die Masse einige Zeit durchziehen lassen.

Die Gurken waschen, der Länge nach halbieren, mit einem Teelöffel die Kerne herausschaben. In wenig Wasser einige Minuten dünsten.

Die Gurkenhälften quer halbieren und mit der Grünkernmasse füllen. Anschließend die Gurken mit Käse bestreuen, in eine feuerfeste Form füllen und mit wenig Wasser angießen. Im vorgeheizten Backofen bei 180 bis 200 °C ca. 20 bis 30 Minuten überbacken.

Die Gurken herausnehmen und warmstellen. Das in der Form zurückgebliebene Gemüsewasser mit Sahne etwas einkochen lassen, die restlichen Kräuter zugeben und mit wenig Salz abschmecken.

Als Beilagen eignen sich Salzkartoffeln oder Vollkornreis und grüner Salat.

Zeitaufwand: ca. 60 bis 80 Minuten.

Kartoffel-Roggen-Auflauf

Zutaten:

100 g Roggen eine Nacht einweichen, danach kochen und quellen lassen, 150 g Zwiebeln und 40 g Butter dünsten, 1 Becher Schmand mit 4 Eiern verrühren, 700–800 g Kartoffeln, Salz und Pfeffer.

Zubereitung:

Den quellenden Roggen in den gedünsteten Zwiebeln 10 Minuten ziehen lassen.

Den verrührten Schmand unter die gewaschenen, geschnittenen Kartoffeln heben und gut würzen.

Eine Auflaufform ausfetten und schichtweise Roggenmasse und Kartoffelmasse einfüllen. Auf mittlerer Schiene im Backofen bei 200 °C ca. 45 bis 60 Minuten goldbraunbacken.

Dazu reiche ich folgende Soße: 1 Becher Schmand mit Salz und viel Dill verrühren.

Zeitaufwand: ca. 45 bis 60 Minuten.

Hirse-Quark-Speise

Zutaten:
150 g Hirse, 300 g Wasser, 200 g Quark, 2 EL Honig, 2 TL Zitronensaft, ½ TL Vanille, 2 EL gehackte Nüsse, 3 EL Rosinen, 2 geriebene Äpfel, 1 Eigelb, 1 Eischnee.

Zubereitung:
Hirse im Wasser 15 Minuten garen.

Die restlichen Zutaten mit der Hirse mischen, den Eischnee unterheben.

Zeitaufwand: 25 Minuten.

Hirse-Sahne-Speise

Zutaten:
1 Vanilleschote, 70 g Hirse, ¼ l Wasser, 60 g Honig, 2 EL Haselnüsse, ⅛ l Sahne, 2 reife Bananen, Zitronensaft.

Zubereitung:
Vanilleschote längs aufschlitzen, Mark herausstreichen und aufheben. Mittelfein gemahlene Hirse mit der Schote und ¼ l Wasser unter Rühren zum Kochen bringen; 4 bis 5 Minuten kochen lassen, dann 5 Minuten nachquellen und anschließend abkühlen lassen.

Honig, Vanillemark und gemahlene, angeröstete Haselnüsse unter den Hirsebrei rühren; Sahne steifschlagen und ebenfalls unterziehen. Bananen in Scheiben schneiden, mit Zitronensaft beträufeln und unter die Speise ziehen. Einige Scheiben zum Verzieren zurücklassen.

Die Speise einige Stunden durchziehen lassen.

Zeitaufwand: 20 Minuten (ohne Wartezeiten).

Käse-Graupen-Buletten

Zutaten:
200 g Graupen, 1 l Instantbrühe, 1 große Zwiebel (gewürfelt), 20 g Margarine, 50 g Weizenmehl (Typ 1050), 2 Eier, 60 g Parmesan, ½ TL Oregano, Vollkornsemmelmehlbrösel, 1 EL Haferflocken, Kokosfett, Tomatenketchup.

Zubereitung:
Graupen in der Brühe 20 Minuten garen. Gewürfelte Zwiebeln goldgelbdünsten. Graupen und Zwiebeln abkühlen lassen.

Mehl, Eier, Parmesan und die Gewürze untermischen. Teig ½ Stunde kaltstellen.

Aus der Masse kleine Buletten flach formen, in Vollkornbrösel wenden. In Kokosfett goldgelb ausbacken.

Mit Ketchup anrichten. Dazu paßt Weißkrautsalat.

Zeitaufwand: ca. 35 Minuten.

Paprika-Möhren-Torte

Zutaten:

125 g Magerquark, 2 Eier, 5 EL Öl, 1 TL Salz, 250 g Weizenmehl (Type 1050), 1 Päckchen Backpulver.

Für die Füllung: 2 mittelgroße Möhren, 400 g Paprikaschoten, 1 Bund Petersilie, 300 g saure Sahne, 1 Ei, 1 Eigelb, Salz, Pfeffer, Paprika (edelsüß), geriebene Muskatnuß.

Zubereitung:

Quark, Eier, ca. 3 EL Wasser, Öl und Salz glattrühren. Mehl und Backpulver mischen, zugeben. Zu einem geschmeidigen Teig verkneten. Auf bemehlter Fläche zu einem Kreis (24 cm ∅) ausrollen. Eine gefettete Form (22 cm ∅) damit auslegen. Teig mehrmals einstechen.

Gemüse putzen und waschen. Möhren in dünne Scheiben, Paprika in sehr dünne Ringe hobeln. Petersilie waschen und kleinschneiden. Saure Sahne, Ei und Eigelb verrühren. Mit Gewürzen abschmecken.

Gemüse und Petersilie mischen. In die Form geben, saure Sahne darübergießen. Im vorgeheizten Backofen (E-Herd 200 °C, Gas Stufe 3, Umluft 180 °C) ca. 40 Minuten backen.

Zeitaufwand: ca. 60 Minuten.

Sahnehirse mit Früchten

Zutaten:

130 g Hirse, ¼ l Wasser, 40 g Sultaninen, 1 EL Weinbrand, 2 Bananen, Saft einer Zitrone, 150 g Himbeeren oder Johannisbeeren, 40 g süße Mandelsplitter, Honig, 125 g Schlagsahne, gehackte Pistazien.

Zubereitung:

Hirse mit Wasser zum Kochen bringen, 30 Minuten quellen lassen.

Inzwischen die Sultaninen im Weinbrand einweichen, die Bananen in Scheiben schneiden und mit Zitronensaft beträufeln.

Wenn die Hirse abgekühlt ist, alle Zutaten untermischen, eventuell mit Honig süßen. Zum Schluß die steifgeschlagene Sahne unterheben. Mit gehackten Pistazien garnieren.

Zeitaufwand: ca. 60 Minuten.

Zwieback-Auflauf

Zutaten:

150 g Vollkornzwieback, 40 g Butter, 125 g Rosinen, 40 g Zucker, 1 P. Vanille-Zucker, knapp ⅜ l Milch, 3 Eier.

Zubereitung:

Die Zwiebäcke mit Butter bestreichen und in die gefettete Backform mit den gewaschenen Rosinen, Zucker und Vanille-Zucker einschichten.

Eier und Milch verquirlen, darübergießen und 10 Minuten zugedeckt durchziehen lassen.

Dann im Heißluftherd bei 165 °C 45 bis 50 Minuten backen.

Zeitaufwand: 60 Minuten.

Pikanter Hirsering

Zutaten:

250 g Hirse, 500 g Wasser, 1 Brühwürfel, 1 Lorbeerblatt, 1 TL Salz, 1 EL geh. Kräuter (nach Wahl), 1 rote Paprikaschote, 1 kl. Porreestange, 2 Eier, 100 g Sahne, 50 g Butter, Muskatnuß, Muskatblüte, Paprikapulver, 50 g geriebener Käse, 50 g Weizenvollkornmehl, 2 EL Sesamkerne.

Zubereitung:

Hirsekörner 3 Stunden einweichen, mit dem Einweichwasser Brühwürfel, Lorbeerblatt zum Kochen bringen. Auf der ausgeschalteten Kochplatte ausquellen lassen, nicht umrühren.

Kräuter hacken, Paprika und Porree sehr feinschneiden, in die Hirse rühren, ebenfalls die Eier, die Sahne, den Käse und das Mehl. Mit den Gewürzen pikant abschmecken.

Eine Reisrandform ausfetten, mit den Sesamkörnern ausstreuen. Teig einfüllen und glattstreichen. Bei 250 °C auf der 2. Schiene von unten ca. 30 Min. backen. Einige Minuten abkühlen lassen, dann stürzen. In die Mitte Gemüse füllen.

Zeitaufwand: ca. 30 Minuten.

Pikanter Gerstenring

Zutaten:

200 g Gerste, 150 g Weizen, 1 TL Curry, 650 ml Wasser, 2 Gemüsebrühwürfel, 1 Zwiebel, 30 g Butter, 3 Eigelb, 100 g geriebener Käse, 1 Prise Muskat, 3 Eiweiß, Fett für die Form, 3 EL Sesam.

Zubereitung:

Getreide mittelfein schroten, mit dem Curry in einem Kochtopf rösten, bis es würzig duftet.

Brühwürfel im Wasser auflösen und zufügen. Unter Rühren aufkochen und auf der ausgeschalteten Herdplatte 20 Min. quellen lassen.

Zwiebel feinwürfeln und zusammen mit den restlichen Zutaten unter das Getreide mischen. Zum Schluß steifgeschlagenes Eiweiß unterziehen.

Eine Kranzform ausfetten und mit Sesam ausstreuen. Getreidemasse in die Form füllen und bei 200 °C ca. 45 Minuten backen.

Nach dem Backen stürzen und den Kranz zum Beispiel mit Paprikagemüse anrichten.

Pikante Roggengrütze

Zutaten:

4 EL Sonnenblumenkerne, 200 g Roggenkörner, 1 Lorbeerblatt, ½ l Wasser, 1 TL Hefekonzentrat, 40 g Butter, Kräuter der Provence und

Zubereitung:

Die Roggenkörner einige Stunden in Wasser einweichen, anschließend in dem Einweichwasser mit dem Lorbeerblatt und dem Hefekonzentrat etwa 40 Minuten bei geringer Energiezufuhr kochen.

Dann das restliche Wasser abgießen und die Körner im Elektromixer grob zerkleinern. Die

2 EL Schnittlauch (geschnitten).

Butter erwärmen und die Grütze darin schwenken. Mit Kräutern der Provence und dem zerdrückten Knoblauch abschmecken.

In der Zwischenzeit die Sonnenblumenkerne ohne Fett anrösten und mit dem geschnittenen Schnittlauch über die Grütze verteilen.

Zeitaufwand: ca. 1 Stunde.

Rhabarberauflauf mit Schneemütze

Zutaten:

500 g Rhabarber, 4 EL flüssiger Honig, 4 EL Erdbeersirup, Butter für die Form, 10 Vollkorn-Zwiebäcke, 3 Eigelb, 1/8 l Sahne, 1 Pr. gemahlene Vanille, 1 EL Honig, 2 EL süße Mandelblättchen; für die Mütze: 3 Eiweiß, 2 EL flüssiger Honig.

Zubereitung:

Rhabarber waschen, schälen und in 2 cm große Stücke schneiden. Mit Honig und Erdbeersirup mischen, dann weichdünsten.

Zwieback in eine gefettete Auflaufform geben. Eigelb und Sahne verquirlen und Vanille und Honig hinzugeben.

Die Eiersahne über die Zwiebäcke gießen, mit Mandelblättchen bestreuen. Den gedünsteten Rhabarber darauf verteilen.

Das Eiweiß steifschlagen und den Honig hinzufügen. Den Schnee auf dem Rhabarber gleichmäßig verteilen.

Den Auflauf im vorgeheizten Backofen bei 200 °C etwa 25 Minuten backen.

Zeitaufwand: 75 Minuten.

Walnußbällchen mit Möhrensalat

Zutaten:

60 g gehackte Walnüsse, 150 g Weizen oder Haferflocken, 2 Zwiebeln, ca. 300 ml Wasser, 10 g Diätmargarine, 60 g geriebenen Edamer, 2 Eiweiß, 20 g Diätfett, Muskat, Majoran, Pfeffer, Streuwürze, Petersilie.

Für den Salat: 1 kg Möhren, 1 Zitrone, Zucker nach Geschmack.

Zubereitung:

Zwiebeln in Würfel schneiden und in 10 g Margarine dünsten, 20 g Walnüsse dazugeben und leicht anrösten. Die Flocken unterrühren, Wasser dazugießen und ständig rühren.

3 bis 4 Minuten quellen lassen, abkühlen, Petersilie und Käse (gerieben) dazurühren. Kräftig abschmecken.

Bällchen formen. In das verquirlte Eiweiß tauchen und mit den restlichen Nüssen panieren. In 20 g Fett bei nicht so starker Hitze knusprigbraten.

Möhren in der Küchenmaschine raspeln, Zitronensaft und Zucker nach Geschmack untermischen. Dazu gibt es Salzkartoffeln. Etwas ausgelassene Butter über die Kartoffeln.

Zeitaufwand: ca. 1 Stunde.

Weizen-Käse-Klößchen

Zutaten:

120 g feines Weizenschrot, 40 g Weizenmehl, 40 g Hartweizengrieß, ¼ l Wasser, 4 Eier, 20 g Butter, etwas Salz, 250 g Emmentaler Käse, ¼ l Sahne, gemahlene Muskatnuß.

Zubereitung:

Wasser mit Butter zum Kochen bringen, Weizenschrot, Mehl und Grieß einrühren und zum Brandteig abbrühen.

Den Teig kurz abkühlen lassen, die Eier unterrühren und ⅔ des geriebenen Käses untermischen. Mit Muskat und etwas Salz würzen.

Mit dem Eßlöffel Klöße abstechen und 10 Minuten ziehen lassen. Die Klöße abtropfen lassen, in eine gebutterte, flache Form geben und mit Sahne übergießen. Mit dem restlichen Käse bestreuen und im Backofen bei 150 °C überbacken, bis der Käse anfängt zu bräunen.

Zeitaufwand: ca. 40 bis 50 Minuten.

Wirsing-Lasagne

Zutaten:

600 g Wirsing, 1 EL Öl, Salz, Pfeffer, Thymian, Muskat, 30 g Margarine, 40 g Mehl, ½ l saure Sahne, 150 g Lasagnenudeln, 150 g Edamer.

Zubereitung:

Wirsing waschen und in Streifen schneiden. Öl im Topf erhitzen, den Wirsing darin andünsten, mit den Gewürzen abschmecken und 15 Minuten gardünsten.

Für die Käsesoße Margarine schmelzen, Mehl zugeben und durchschwitzen lassen, mit ½ l Brühe auffüllen und gut durchkochen, Schmelzkäse in der Soße schmelzen lassen, mit den Gewürzen abschmecken, saure Sahne unterziehen.

In eine gefettete Auflaufform werden abwechselnd Kohl, Lasagnenudeln und Käsesoße eingeschichtet. Geriebenen Käse auf den Auflauf streuen und backen. Im E-Herd bei 225 °C auf der mittleren Schiebeleiste 30 bis 35 Minuten backen (Umluftbackofen: 175 °C).

Zeitaufwand: ca. 45 Minuten.

Zucchini-Auflauf

Zutaten:

10 g Fett, 400 g Zucchini, 150 g Tatar, Salz, Pfeffer, 200 g gekochte Kartoffeln, 1 Fleischtomate,

Zubereitung:

Fett in einer beschichteten Pfanne erhitzen. Zucchini in 1 cm große Stücke schneiden, kurz andünsten, Tatar zugeben und 5 Minuten mitdünsten, mit Pfeffer und Salz würzen.

Kartoffeln in Scheiben schneiden und in eine

60 g Gouda (45 %), 60 g Sauerrahm (10 %), je 1 Bund Dill, Schnittlauch, Petersilie, Basilikum und 1–2 Knoblauchzehen.

gefettete Auflaufform legen. Zucchini und Tatar darüber verteilen, Fleischtomate aufschneiden und auf die Masse geben.

Käse reiben und mit Sauerrahm vermischen. Kräuter feinschneiden, Knoblauch pressen, alles in den Sauerrahm rühren.

Das Ganze über den Auflauf geben und im Ofen bei 200 °C 20 bis 30 Minuten backen.

Zeitaufwand: 1 Stunde.

Hirse-Frucht-Auflauf

Zutaten:
¾ l Milch, 200 g Hirse, 50 g Pflanzenfett, 60 g Zucker, ½ abgeriebene Zitronenschale, 30 g geriebene Mandeln oder Haselnußkerne, 2 Eier, 500 g Obst (je nach Jahreszeit), Zwiebackbrösel, Butterflöckchen.

Zubereitung:
Hirse in heißem Wasser waschen, in kochende Milch geben und 20 bis 30 Minuten aufquellen lassen. Fett, Zucker, Eigelb, Zitrone, Nüsse oder Mandeln schaumigschlagen und Eischnee unterheben. Obst reinigen und eventuell zerkleinern. Lagenweise, mit etwas Zucker bestreut und Hirsebrei in eine Auflaufform schichten.

Zwiebackbrösel darüberstreuen und Butterflöckchen draufsetzen. Bei mittlerer Hitze ca. 50 Minuten überbacken.

Kartoffel-Tomaten-Auflauf

Zutaten:
750 g Kartoffeln, 6–8 Tomaten, 1 Zwiebel, 1 Knoblauchzehe, Salz, 60 g Butter, 100 g geriebener Käse (Gouda), 2 EL Sesam, Salbei, Basilikum.

Zubereitung:
Die Kartoffeln in der Schale garen, schälen und in etwa 1 cm dicke Scheiben schneiden. In eine gefettete Auflaufform abwechselnd mit Tomatenscheiben dachziegelartig in Schichten anordnen, jede Schicht etwas salzen.

In einer Pfanne die feingehackte Zwiebel und die Knoblauchzehe in der Butter dünsten und über den Auflauf gießen.

Kleingeschnittene Salbei- und Basilikumblätter, den Käse und zuletzt die Sesamsamen darüberstreuen und im Ofen backen, bis der Käse goldbraun wird; etwa 20 Minuten bei Stufe 4 (225 Grad). Vor dem Anrichten noch einige frische Basilikumblätter darübergeben.

Servieren Sie den Auflauf mit Spiegeleiern zu grünem Salat oder zu Blattspinat.

Zeitaufwand: ca. 30 Minuten.

Salate

Bunter Reissalat
Dinkelsalat
Hafersalat
Fenchel-Chicorée-Salat
Frühlingssalat
Gerösteter Salat
Grünkern-Obstsalat
Lauwarmer Linsensalat
Reis-Obst-Salat
Salat „Lucullus“
Schlemmersalat
Schneewittchen-Salat
Sieben-Tassen-Salat
Obstsalat mit Käsestreifen
Süßer Gerstensalat
Vollkorn-Salat

Bunter Reissalat

Zutaten:

60 g Naturreis,
160 ml Wasser,
4 Tomaten,
200 g Paprikaschote,
2 Zwiebeln, 120 g gekochten Schinken,
4 TL Pflanzenöl,
4 TL Essig,
4 EL Wasser,
Curry, Salz, Pfeffer.

Zubereitung:

Den Reis auf einem Sieb kurz abspülen und vor dem Kochen etwa zwei Stunden in Wasser einweichen. Anschließend im Einweichwasser 20 Minuten kochen.

Tomaten und Paprika gründlich waschen, Tomate in dünne Spalten, Paprika in kurze Streifen schneiden. Zwiebeln durch die Presse drücken, Schinken kleinschneiden.

Alle Zutaten und den gekochten Reis in die Soße geben, gut mischen und 15 Minuten ziehen lassen.

Zeitaufwand: 20 Minuten.

Dinkelsalat

Zutaten:

120 g Dinkel,
½ l Gemüsebrühe (Instant),
1 Sellerieknolle (300 g), 10 EL Zitronensaft, 400 g Möhren, 2 Bund Schnittlauch, 2 Becher Crème fraîche,
4 TL Zucker,
2 Pr. Salz, 2 EL Öl.

Zubereitung:

Dinkel über Nacht in kaltem Wasser einweichen, abtropfen lassen und in der Brühe bei geringer Hitze garen. Sellerie putzen, waschen, grobraspeln und mit Zitronensaft beträufeln. Möhren grobraspeln und mit Sellerie mischen. Schnittlauchröllchen mit Crème fraîche verrühren. Etwas zum Garnieren beiseite legen.

Den Salat mit Zucker, Salz und Öl vermischen. Dinkel gut abtropfen lassen, warm hinzufügen und zugedeckt ziehen lassen. Nochmals abschmecken.

Auf Salattellern anrichten und Crème fraîche darübergeben, mit dem restlichen Schnittlauch garnieren.

Zeitaufwand: 55 Minuten

Hafersalat

Zutaten:

150 g Hafer,
150 g Sahne,
1 EL Honig,
Saft einer Zitrone,
2 Äpfel, 50 g Rosinen,
50 g Nüsse,
250 g Kirschen.

Zubereitung:

Den Hafer über Nacht einweichen, garen und erkalten lassen. Honig, Zitronensaft und Sahne verrühren. In Würfel geschnittene Äpfel, Rosinen, gehackte Nüsse und Kirschen mit dem Hafer und der Sahnesoße mischen, gut durchziehen lassen.

Fenchel-Chicorée-Salat mit Weizen

Zutaten:

60 g Weizen,
1 Fenchelknolle,
3 Chicorée, 1 Apfel,
4 EL Zitronensaft,
3 Orangen,
50 g Mandeln,
100 g Erbsen, Salz,
Pfeffer aus der Mühle,
3 EL Sonnenblumenöl, ½ Bund
glatte Petersilie.

Zubereitung:

Weizen in reichlich Wasser keimen lassen (am besten 3 Tage vorher ansetzen); abspülen.

Fenchel putzen, waschen und längs in dünne Streifen schneiden. Den Chicorée putzen, waschen und quer in Streifen schneiden. Äpfel waschen und in dünne Stifte schneiden, mit Zitronensaft beträufeln. 2 Orangen filetieren und in Stücke schneiden, Mandeln grobhacken, die gefrorenen Erbsen kurz heiß abbrausen.

Zutaten vermischen. Die dritte Orange auspressen. Aus Orangensaft, Salz, frisch gemahlenem Pfeffer und Öl eine Soße rühren, über den Salat geben und leicht untermischen. Mit Petersilie garnieren.

Zeitaufwand: 40 Minuten.

Frühlingssalat

Zutaten:

1 Kohlrabi (ca. 300 g),
250 g Möhren,
3 EL Essig, Salz,
Pfeffer, ½ EL Öl,
1 kleiner Kopf
Eisbergsalat
(etwa 300 g), 2 Bund
Petersilie,
Sonnenblumenkerne.

Zubereitung:

Das Gemüse waschen, schälen und in dünne Stifte schneiden. Aus Essig, Salz, Pfeffer und Öl eine Soße rühren und die Gemüsestifte darin marinieren. Den Eisbergsalat in sehr feine Streifen schneiden und die Petersilie hacken. Salat und Petersilie mischen. Die Gemüsestifte durch ein Sieb abgießen, dabei die Soße auffangen und die Salatstreifen darin wenden.

Portionsweise auf Salattellern anrichten. Die Gemüse auf dem Salat verteilen. Die Sonnenblumenkerne in einer trockenen Pfanne leicht anrösten und über die Gemüsestifte geben. Vor dem Servieren kurze Zeit durchziehen lassen.

Zeitaufwand: 30 Minuten.

Gerösteter Salat

Zutaten:

6 EL Öl, 100 g Vollkornreis,
250 ml Wasser, Salz,
Pfeffer, Paprika,
1 Dose Mais,

Zubereitung:

Den Vollkornreis in 1 EL Öl andünsten und mit 250 ml Wasser ablöschen. Mit Salz, Pfeffer und Paprika würzen und 30 Minuten quellen lassen.

Mais, Reis, Sojabohnenkeime und Mandelblättchen mischen und in 2 EL Öl

100 g Sojabohnen-keime, 30 g Mandel-blättchen,
50 g Rosinen,
3 EL Essig,
3 EL Apfelsaft (100%),
1 Knoblauchzehe,
1 Zwiebel,
1 Radicchio.

anbraten. Anschließend die Rosinen zu der Mischung geben. Aus Essig, Apfelsaft und 3 EL Öl eine Marinade herstellen, Knoblauchzehen abziehen und den in Streifen geschnittenen Radicchio unterheben.

Zeitaufwand: ca. 1 Stunde.

Grünkern-Obstsalat

Zutaten:

100 g Grünkerne,
1 Zimtstange,
1 Zitrone,
2–3 Kardamom-kapseln, 100 g Wein-trauben, 1 Birne,
50 g Rosinen,
50 g getrocknete Aprikosen, ca. 2 EL Ahornsirup, 1 Becher Joghurt (3,5 %).

Zubereitung:

Grünkern in reichlich Wasser mit Zimt, Kardamom und Zitronenschale 40 Minuten kochen. Gut abtropfen und abkühlen lassen. Gewürze entfernen.

Den abgekühlten Grünkern mit halbierten Weintrauben, der halben gewürfelten Birne, Rosinen, kleingeschnittenen Aprikosen, Zitronensaft und ca. 1 EL Ahornsirup vermischen. Abschmecken und eventuell nachsüßen. Joghurt mit wenig Ahornsirup verrühren. Salat mit Birnenspalten und Joghurt anrichten.

Zeitaufwand: 45 Minuten.

Lauwarmer Linsensalat

Zutaten:

200 g Linsen,
½ l Gemüsebrühe,
200 g Möhren,
200 g Sellerie,
2 Frühlingszwiebeln,
4 EL Rotweinessig,
Salz, Pfeffer, 3 EL Öl,
4 Eier, 1 Bund Petersilie, 1 Bund Schnittlauch.

Zubereitung:

Linsen in die kalte Brühe geben und aufkochen. Bei mittlerer Hitze zugedeckt 30 Minuten garen. Möhren und Sellerie schälen, in Scheiben schneiden und zu den Linsen geben. Auf ausgeschalteter Herdplatte 10 bis 15 Minuten ziehen lassen.

Frühlingszwiebeln putzen, waschen und schräg in dünne Ringe schneiden. Essig mit Salz, Pfeffer und Öl verrühren, mit den Frühlingszwiebeln unter die Linsen mischen.

Die gewaschene Petersilie hacken, Schnittlauch in Röllchen schneiden und unter den Salat heben, eventuell nachwürzen. Die Eier 6 bis 8 Minuten kochen, halbieren und auf den Salat setzen.

Zeitaufwand: 55 Minuten.

Reis-Obst-Salat mit Joghurtsoße

Zutaten:

200 g locker gekochten Vollkornreis (roh ca. 80 g), 180 g aromatische Äpfel, Saft von 1 Zitrone, 180 g Orangen, süße Birnen und/oder Trauben, 80 g Sultaninen, 10 Trocken-Aprikosen, Ingwer, Anis, Vanille, etwas Curry, Zimt, Koriander, Muskatblüte; für die Soße 160 g Biojoghurt, 100 g süße Sahne, Honig nach Geschmack, etwas Apfeldicksaft oder Ahornsirup, 150 g Nüsse.

Zubereitung:

Den Reis sofort nach dem Abschrecken würzen. Das Obst soweit nötig schälen, in Würfel schneiden und im Zitronensaft wenden, würzen und süßen. Etwa ½ Stunde durchziehen lassen.

Die Trockenaprikosen kleinschneiden und mit Sultaninen in wenig lauwarmem Wasser quellen lassen. Für die Soße Nüsse in Scheiben schneiden.

Die Zutaten mischen, die Hälfte der Nüsse zum Garnieren zurücklassen, ½ Stunde durchziehen lassen und abschmecken.

Zeitaufwand: 45 Minuten.

Salat „Lucullus“ (Abendmahlzeit)

Zutaten:

2 große Orangen, 1 großer Apfel, 2 Bananen, 1 Birne, 4 Scheiben frische Ananas, 6 Kopfsalat-Blätter, 100 g Magerquark, 6 EL Sahne, 1 Eigelb, 1 TL Honig, 1 EL Tomatenketchup, 1 EL Zitronensaft, 1 EL Öl, 1 große Tomate, 1 EL gehobelte süße Mandeln, je 1 EL Schnittlauch und Petersilie, 2 EL gemahlene Nüsse.

Zubereitung:

Orangen, Apfel, Bananen und Birne in Scheiben schneiden, Ananas würfeln.

Eine Glasschale mit Salat auslegen, Früchte einschichten.

Soße zubereiten aus Quark, Sahne, Eigelb, Honig, Tomatenketchup, Zitronensaft, Öl, im Mixer zerkleinerter Tomate, Mandeln, Schnittlauch und Petersilie.

Die Zutaten der Reihe nach mit dem Schneebesen cremigrühren. Die Soße soll leicht dickflüssig sein, eventuell etwas Milch hinzugeben. Soße über die Früchte geben, einige Minuten durchziehen lassen, die Nüsse darüberstreuen. Dazu Knäckebrot oder Vollkornbrot geben.

Schlemmersalat aus Sauerkraut

Zutaten:

300 g selbsteingelegtes Sauerkraut, 2 Äpfel, 2 Gewürzgurken, 1 Zwiebel, evtl. Ananasstückchen; für die Mayonnaise: 1 ganzes Ei, 1 TL Senf, 1 TL Essig oder Zitronensaft, ½ TL Kräutersalz, knapp ¼ l kaltgepreßtes Sonnenblumen- oder Distelöl, 2 gehäufte EL Dickmilch.

Zubereitung:

Die Äpfel und Gurken würfeln und die Zwiebel feinschneiden, zusammen mit dem Sauerkraut vorsichtig mischen. Nach Geschmack Ananasstückchen hinzufügen.

Für die Mayonnaise: Alle Zutaten bis auf Öl und Dickmilch mit einem Schneebesen oder Rührgerät gründlich schlagen. Dann ganz allmählich das Öl hinzugeben und nach dem Steifwerden der Mayonnaise mit der Dickmilch verlängern.

Zum Gelingen der Mayonnaise ist es wichtig, daß alle Zutaten die gleiche Temperatur haben, also vorher aus dem Kühlschrank alles eine halbe Stunde auf dem Küchentisch zurechtstellen.

Die Mayonnaise über das Sauerkraut geben und mit Pellkartoffeln servieren.

Zeitaufwand: ca. 25 Minuten.

Schneewittchen-Salat

Zutaten:

400 g Äpfel, 200 g Möhren, 100 g Chinakohl, 50 g Sonnenblumenkerne, 2 EL Rosinen, 50 g Vollkorn-Haferflocken, 3 EL Zitronensaft, 1 EL Honig, 3 EL kaltgepreßtes Öl.

Zubereitung:

Äpfel grobraspeln, Möhren feinraspeln, Chinakohl in Streifen schneiden.

Sonnenblumenkerne in einer trockenen Pfanne anrösten und Rosinen waschen.

Äpfel, Möhren, Chinakohl, Rosinen und Haferflocken vermengen. 3 EL Zitronensaft, Honig und Öl verrühren und unter den Salat ziehen.

Sonnenblumenkerne kurz vor dem Anrichten untermischen oder den Salat damit bestreuen.

Zeitaufwand: 30 Minuten

Sieben-Tassen-Salat

Zutaten:

1 Tasse Hering-Matjes, 1 Tasse Ananas, 1 Tasse Sellerie, 1 Tasse Zwiebeln, 1 Tasse Äpfel, 1 Tasse saure Gurken, 1 Tasse saure Sahne.

Zubereitung:

Sämtliche Zutaten würfeln und die saure Sahne unterheben.

Zeitaufwand: ca. 30 Minuten.

Obstsalat mit Käsestreifen

Zutaten:

1 Banane, 1 Orange, 2 Äpfel, 1 Möhre, 200 g Schnittkäse nach Geschmack, 3 EL gehackte Nüsse; für die Soße, 1 Becher Joghurt, 2 EL Öl, 1 TL Honig, 1 TL Chinagewürz, Weintrauben.

Zubereitung:

Das Obst waschen, putzen und schälen. Die Bananen in feine Scheiben, die Orange und Äpfel in Würfel schneiden, die Möhren raspeln und den Käse in dünne Streifen schneiden. Alles mischen und die Nüsse dazugeben, die Soße darübergießen.

Zeitaufwand: 35 Minuten.

Süßer Gerstensalat

Zutaten:

150 g Gerste, ½ TL Fenchel, ½ TL Koriander, 1 TL Zimt, 2 Äpfel, 2 Apfelsinen oder Pfirsiche, 1 gr. Banane, ½ Becher süße Sahne, evtl. 1–2 TL Honig, 1 EL gehobelte süße Mandeln.

Zubereitung:

Gerstenkörner über Nacht zugedeckt in ½ l Wasser einweichen, am nächsten Morgen zusammen mit den Gewürzen aufkochen und ca. 45 Minuten bei kleiner Hitze weichkochen, abkühlen lassen (eventuell noch vorhandenes Kochwasser abgießen – kann für Suppe oder Soße weiterverwendet werden).

Die Äpfel und Apfelsinen in kleine Stücke, die Bananen in Scheiben schneiden, Obst mit dem Getreide mischen. Sahne halbsteif schlagen und unter den Salat heben. Nach Geschmack Honig zugeben. Den Salat mit den gehobelten Mandeln bestreuen.

Zeitaufwand: 70 Minuten.

Vollkorn-Salat

Zutaten:

250 g Dinkelweizen, 500 ml Wasser, 200 g Hartkäse, 1 Apfel, 1 große Zwiebel, 1 St. Paprika, 2 Tomaten, 2 bis 3 Gewürzgurken, 1 Becher saure Sahne, ½ Becher süße Sahne, 1 EL gehackte Kräuter, Kräutersalz, Pfeffer, Paprikapulver, etwas Kümmel, eventuell Essig und Süßstoff.

Zubereitung:

Weizen über Nacht einweichen. Anschließend ca. 45 Minuten kochen, dann abkühlen lassen. Die anderen Zutaten in Würfel schneiden. Die Sahne mit den anderen Gewürzen verrühren und abschmecken. Alle Zutaten vermischen.

Zeitaufwand: 30 Minuten

Gemüse- und Kartoffelgerichte

Bohnengemüse mit Grünkernbrei

Zutaten:

500 g grüne Bohnen, Salz, 500 g Fleischtomaten, 30 g Margarine, 75 g Parmesankäse, 1 gehäuften EL Vollkornbrösel, 1 Bund Petersilie, 250 g Grünkern.

Zubereitung:

Bohnen zubereiten und in wenig Salzwasser 15 Min. kochen.

Die Tomaten häuten und würfeln. Die heißen Bohnen abtropfen lassen und zusammen mit den Tomaten etwa 5 Minuten in der Margarine köcheln lassen.

Den Käse mit den Bröseln zu dem Gemüse geben. Das Gemüse mit der gehackten Petersilie bestreut anrichten.

Den Grünkern über Nacht einweichen. Mit etwas Salz aufkochen und 1 Stunde bei milder Hitze ausquellen lassen. Beides zusammen anrichten.

Zeitaufwand: ca. 40 Minuten.

Champignon-Gemüse-Gratin

Zutaten:

250 g Champignons, 1 mittelgroße Zwiebel, 1 Bund Frühlingszwiebeln, 1 Stange Lauch (300 g), 2 EL Olivenöl, 1 Bund frischgehackte Petersilie, 200 g Crème fraîche, 100 g Sahne oder Milch, etwas Streuwürze, 1 Prise schwarzen Pfeffer, Kräutersalz, 1 kg gekochte Kartoffeln, Butter für die Form.

Zubereitung:

Die Pilze putzen, waschen und in ½ cm breite Scheiben schneiden. Die Zwiebel schälen und würfeln. Die Frühlingszwiebeln waschen, unschöne Blattspitzen und Wurzeln abschneiden. Den Lauch längs durchschneiden und die Blätter unter fließendem Wasser gründlich waschen. Die Frühlingszwiebeln und den Lauch in ½ cm breite Streifen schneiden.

Das Olivenöl in der Pfanne erhitzen und die Zwiebeln hellbraun braten. Die Pilze dazugeben, bei starker Hitze ebenfalls leicht anbraten. Die Frühlingszwiebeln und Lauchstreifen zu den Zutaten in die Pfanne geben und bei schwacher Hitze zugedeckt 3 Minuten andünsten.

Die Hälfte der Petersilie dazugeben. Die Crème fraîche mit Sahne und/oder Milch verrühren, die Gewürze und Salz einrühren. Die Kartoffeln in der Form verteilen und leicht salzen.

Die Pilz-Gemüsemischung daraufgeben und die Sahnesauce darübergießen. Den Gratin auf der mittleren Schiene des Backofens 15 bis 20 Minuten bei 200 °C überbacken und mit der restlichen Petersilie bestreuen.

Tip: Anstelle von Kartoffeln kann man auch Vollkornnudeln nehmen.

Zeitaufwand: ca. 1 Stunde.

Champignon-Staudensellerie-Tarte

Zutaten:

(für 8 Portionen)
130 g Weizenvollkornmehl, 70 g Roggenvollkornmehl, 100 g Butter, 5 Eier, Salz, 1 kg Champignons, 4 EL Öl, 1 Stange Staudensellerie, Pfeffer, 200 g Gouda, 200 g Crème fraîche, Mehl für die Arbeitsfläche.

Zubereitung:

Mehl mit Fett, 2 Eiern und Salz zu glattem Teig verkneten, 40 Min. kaltstellen.

Champignons putzen und in Scheiben schneiden, in Öl braten bis die Flüssigkeit verdampft ist.

Staudensellerie putzen und waschen, in Scheiben schneiden und zu den Pilzen geben, 5 Min. mitgaren, mit Salz und Pfeffer würzen.

Käse grobraffeln, mit Crème fraîche und den restlichen Eiern, Salz u. Pfeffer verrühren.

Teig auf bemehlter Arbeitsfläche etwas größer als die Tarteform (30 cm Ø) ausrollen, Form damit auslegen und den Rand geradeschneiden. Gemüse darauf verteilen, Crème fraîche darübergießen. Im vorgeheizten Backofen bei 200 Grad (Gas: Stufe 3), auf dem Boden des Backofens 30–40 Minuten backen.

Zeitaufwand: 1½ Stunden.

Frühlingsgemüse mit Weizenkörnern

Zutaten:

175 g Weizenkörner, 3/8 l Gemüsebrühe, 2 Zwiebeln, 2 Frühlingszwiebeln, 1 Stange Porree, 1 Stange Bleichsellerie, 250 g Möhren, 1 Kohlrabi, 50 g Butter, 1 Knoblauchzehe, Salz, Pfeffer, Petersilie.

Für die Soße:
2 Bund Kräuter (Schnittlauch, Borretsch, Zitronenmelisse, Pimpinelle), evtl. auch tiefgefrorene 8-Kräuter-Mischung, 150 g Joghurt, 100 g Crème fraîche, Salz, Pfeffer, Zitronensaft.

Zubereitung:

Den Weizen abspülen und über Nacht in kaltem Wasser einweichen. Das Wasser abgießen, den Weizen in der Brühe ankochen und 50 bis 60 Minuten köcheln lassen.

Die Zwiebeln, Frühlingszwiebeln, Porree und Sellerie in kleine Stücke, Möhren und Kohlrabi in Scheiben schneiden.

Die Butter erhitzen und das Gemüse darin andünsten.

Die Knoblauchzehe durch die Presse drücken, alles zu den Weizenkörnern geben und 10 bis 15 Minuten dünsten. Abschmecken und mit Petersilie bestreuen.

Für die Soße die Kräuter kleinschneiden, Joghurt und Crème fraîche verrühren. Die Kräuter unterheben und abschmecken. Die Soße getrennt zum Gemüse reichen.

Chicorée mit Schinken und Käse

Zutaten:

8 Stangen Chicorée, 200 g Schinken, 8 Schmelzkäse-Scheibletten (oder Gouda bzw. Butterkäse), Semmelbrösel, Butterflocken.

Zubereitung:

Chicorée putzen und kurz in Salzwasser kochen.

Jede Stange mit einer dünnen Scheibe Schinken und einer Käsescheibe umwickeln und in eine feuerfeste Form legen. Mit etwas Semmelbrösel und Butterflocken belegen.

Im Ofen überbacken, bis der Käse schmilzt und goldbraun wird.

Zeitaufwand: 30 Minuten.

Gefüllte Paprikaschoten

Zutaten:

200 g Naturreis, 3/8 l Wasser, Suppengrün, 1/2 TL Salz, 100 g Hackfleisch, Butter, 1 Zwiebel, 1 Knoblauchzehe, Petersilie, 5 bis 6 grüne Paprikaschoten, Salz, Parmesankäse und 1 Pck. Tomatensoße.

Zubereitung:

Den Reis mit feingeschnittenem Suppengrün, Salz und Wasser ca. 30 Minuten leicht kochen lassen. Die Zwiebeln und Knoblauchzehe in Fett andünsten. Das Fleisch und den Reis hinzugeben und würzen.

Von den Paprikaschoten den Deckel abschneiden, die Kerne herausnehmen, leicht salzen und mit dem vermischten Reis füllen. Den Deckel wieder aufsetzen. In einen Topf stellen und in einer leichten Brühe 30 bis 35 Minuten gardünsten.

Mit Tomatensoße und geriebenem Parmesankäse reichen.

Zeitaufwand: Ca. 75 Minuten

Gefüllte Schmorgurken

Zutaten:

4 Schmorgurken, 750 g Fleischtomaten, 50 g Haselnüsse, 1 Bund Petersilie, 30 g Butter, 75 g geriebener Emmentaler, Salz, weißer Pfeffer aus der Mühle.

Zubereitung:

Die Gurken waschen, der Länge nach halbieren und aushöhlen. Die Tomaten enthäuten und würfeln. Die Nüsse grobhacken, die gewaschene Petersilie hacken.

Die Butter in einem Topf erhitzen und etwa 2/3 der Tomatenwürfel hineingeben.

Aus dem Fruchtfleisch der Gurken und den restlichen Tomaten, den Nüssen, dem Käse und der Petersilie eine Füllung zubereiten, mit Salz und Pfeffer abschmecken.

Die Gurken füllen, in das Tomatenbett setzen und etwa 30 Minuten in einem geschlossenen Topf schmoren lassen.

Zeitaufwand: 70 Minuten.

Gefüllte Kohlrabi

Zutaten:

4 Kohlrabi, Salzwasser.

Für die Füllung:

4 Tassen Getreidemischung (aus Weizen, Grünkern und Hirse) frisch geschrotet, 200 g Quark, 3 Eigelb, 3 gehackte Zwiebeln, 3 zerdrückte Knoblauchzehen, etwas Öl, Thymian, Basilikum, 4 EL Hefeflocken, gekörnte Würze, Salz, Pfeffer, 3 Eiweiß, etwas Butter für die Form.

Zubereitung:

Kohlrabi schälen, 15 Min. in Salzwasser kochen.

Knollen aushöhlen. Getreidemischung mit Zutaten vermengen und das steifgeschlagene Eiweiß untermengen. Die Masse in die Kohlrabi füllen und in eine gebutterte Auflaufform setzen.

3 Eier, 1 Becher Sahne und Kräutersalz zum Überbacken: Eier und Sahne verquirlen, mit Kräutersalz würzen, über Kohlrabi gießen. Bis 200° (E-Herd) etwa 30 Min. überbacken.

Die Kohlrabimasse kann man pürieren und zu einer Kohlrabicremesuppe verwenden.

Zeitaufwand: ca. 45 Minuten.

Gefüllte Zucchini

Zutaten:

150 g Grünkern (ganz), 300 ccm Brühe (Instant), 100 g Crème fraîche, 1 Dose Tomatenmark, 1 Zwiebel, 2 Fleischtomaten, 1 Knoblauchzehe, Tabasco, Salz, Pfeffer, 4 Zucchini, Fett für die Form, nach Geschmack: 100 g Schafskäse oder Schnittkäse.

Zubereitung:

Ganze Grünkerne in 220 ccm Instant-Brühe ca. 30 Minuten quellen lassen. Restliche Brühe aufheben.

Folgende Zutaten unter die gequollene Grünkernmasse heben: Crème fraîche, Tomatenmark, Zwiebelwürfel, Tomatenwürfel und zerdrückte Knoblauchzehe. Mit angegebenen Gewürzen abschmecken.

Entkernte Zucchinihälften 5 Minuten in Salzwasser kochen. Abgetropft in eine gefettete Auflaufform legen, mit Grünkernmischung füllen. Die restliche Brühe dazugießen. In den letzten 10 Minuten der Backzeit den Käse würfeln und darüberstreuen. 35 Minuten im E-Herd garen.

Zeitaufwand: ca. 65 Minuten

Gemüsebratlinge

Zutaten:

*200 g Möhren,
200 g Sellerie,
300 g Kartoffeln,
4 EL Hafervollkornmehl, 2 Eier, Pfeffer, Salz, Muskat, 1 Bund Petersilie und 1 Bund Dill.*

Zubereitung:

Möhren, Sellerie, Kartoffeln schälen und feinreiben. Petersilie und Dill hacken.

Das Gemüse mit dem Vollkornmehl, den Eiern und den Kräutern vermischen und mit den Gewürzen abschmecken.

Aus dem Teig Frikadellen formen und von beiden Seiten hellbraun braten.

Zeitaufwand: ca. 40 Minuten.

Gemüsehirsotto

Zutaten:

*200 g Hirse,
1 kl. Zwiebel,
2 EL Öl,
750 g gemischtes Gemüse (z. B. Kohlrabi, Möhren, Blumenkohl),
3 Mangoldblätter, etwas Wasser, 1 TL Kräutersalz, gem. Pfeffer, gem. Muskatnuß, ½ TL Koriander.*

Zubereitung:

Hirse in Gemüsebrühe zum Kochen bringen, bei kleiner Hitzestufe 15–20 Minuten ausquellen lassen.

Getrennt davon 1 kl. Zwiebel im Öl andünsten. Das Gemüse putzen und kleinschneiden. Dieses zu der Zwiebel geben und mit dem Wasser in etwa 20 Min. gardünsten.

Mit Kräutersalz, Pfeffer, Muskat und Koriander würzen. Das Gemüse mit der gekochten Hirse vermischen und nach Bedarf mit etwas geriebenem Käse bestreuen.

Zeitaufwand: ca. 45 Minuten.

Gemüsestrudel

Zutaten:

*Teig: 250 g Vollkornmehl,
1 TL Meersalz,
100 g Butter,
5 EL heißes Wasser,
1 Ei.*

Füllung: *300 g Rosen- oder Blumenkohl,
2 Möhren, 1 Stange Lauch,
30 g Margarine,
Salz, Pfeffer, Muskat,
1 Eigelb, 2 EL Crème fraîche, 5 EL geriebenen Käse.*

Zubereitung:

Teig: Zutaten nach und nach in eine Schüssel geben und gut durchkneten. Teig danach etwas ruhen lassen.

Füllung: Kohl putzen und bißfest dämpfen. Möhren und Porree kleinschneiden und andünsten.

Den Teig auswellen und das Gemüse darauf verteilen, Ränder freilassen, Ei und Crème fraîche vermischen und auf dem Gemüse verteilen. Mit geriebenem Käse bestreuen.

Die Ränder mit etwas Eiweiß bestreichen und umklappen, eine Rolle formen. Mit etwas Milch bepinseln und bei 180° bis 200° ca. 40 Minuten backen.

Zeitaufwand: ca. 1½ Stunden.

Gemüsepastete

Zutaten:

300 g Austernpilze, 375 g Porree, 2 Zwiebeln (100 g), 320 g Paprikaschnitzel, 20 g Butter, 250 g Gouda, 100 g Walnüsse, Salz, Pfeffer, Sojasoße, 2 Pkt. Tiefkühl-Vollkornblätterteig, 1 Ei, Milch.

Zubereitung:

Austernpilze waschen und in Streifen schneiden, Porree putzen und in Ringe schneiden, Zwiebeln würfeln. Fett im Topf erhitzen und das Gemüse einschl. Paprika andünsten, mit den Gewürzen abschmecken und abkühlen lassen.

Walnüsse und Gouda zerkleinern, unter das Gemüse geben.

Blätterteig nach Anweisung auftauen, in Größe einer Fettpfanne ausrollen. Fettpfanne mit Wasser ausspülen, Teig hineinlegen, Ränder mit Eiweiß bestreichen, Gemüsemasse daraufgeben.

Das zweite Blätterteigpaket als Decke ausrollen, auf die Gemüsemasse legen, mit Eimilch bepinseln, einstechen und 15 Minuten ruhen lassen.

Backen: E-Herd bei 225 °C, Umluftbackofen 175 °C ca. 35 bis 40 Minuten.

Zeitaufwand: ca. 50 Minuten

Geschmortes Gemüse mit Weizen und Rotwein

Zutaten:

125 g Weizenkörner, 350 ml kaltes Wasser, Salz, 250 g Zwiebeln, 2 bis 3 Stangen Porree, 500 g Zucchini, 200 g Champignons, 30 g Butter, ¼ l Rotwein, 1 Becher Crème fraîche (150 g), ½ TL Thymian, ½ TL Majoran, Pfeffer, Sojasauce.

Zubereitung:

Weizen im kalten Wasser 2 bis 3 Stunden, eventuell auch über Nacht, im Kühlschrank quellen lassen. Mit dem Einweichwasser und Salz etwa 1 Stunde kochen. Danach 1 Stunde ausquellen lassen.

Gemüse in Ringe bzw. Scheiben schneiden, Fett erhitzen und die Zwiebeln darin glasigdünsten, danach Zucchini, Pilze und Porree zugeben und 10 Minuten schmoren.

Die abgetropften Weizenkörner, den Rotwein, Crème fraîche und Gewürze zufügen. Im offenen Topf ca. 15 Minuten so lange schmoren, bis die Flüssigkeit fast verdampft ist. Gut abgeschmeckt servieren.

Zeitaufwand: 50 Minuten.

Gemüsetorte

Zutaten:

500 g Weizenvollkornmehl, 200 g Butter, 4 EL Edelsüßpaprika, Kräutersalz, Pfeffer, 2 Eigelb, 4 bis 6 EL Sahne, 1 kg Gemüse.

Zubereitung:

Alle Zutaten für den Teig verkneten, ½ Stunde kaltstellen.

Zuerst einen Deckel für die Torte ausrollen. Mit dem Rest des Teiges eine gut ausgefettete Springform auskleiden. Das Gemüse hineintun, obendrauf den Teigdeckel. In die Mitte ein Loch schneiden, damit der Dampf beim Backvorgang abziehen kann.

Im vorgeheizten Ofen bei 200 Grad 30 bis 40 Minuten backen. Dazu eine Kapernsoße und einen frischen Salat geben.

Zeitaufwand: ca. 1 Stunde

Kartoffel-Gemüse-Puffer

Zutaten:

500 g geschälte, rohe Kartoffeln, 250 g geputzte Möhren, 250 g geschälte Zwiebeln, 2 Eier, weißer Pfeffer, Hefestreuwürze nach Geschmack, 100 g feines Weizenschrot, reichlich Butterschmalz zum Braten.

Zubereitung:

Kartoffeln, Möhren und Zwiebeln grobreiben, etwas Saft abfüllen, mit den Eiern, dem Salz, den Gewürzen und dem Weizenschrot verrühren.

Butterschmalz in einer großen Pfanne erhitzen.

Mit einem Eßlöffel kleine Häufchen von dem Kartoffelteig in die Pfanne geben und flachdrücken. Die Puffer knusprigbraten. Sofort servieren.

Zeitaufwand: ca. 40 Minuten.

Kartoffelgratin

Zutaten:

1 kg Kartoffeln, 1 dl Wein, 2 dl Milch, 2 dl Sahne, 1 Knoblauchzehe, Salz und Pfeffer, 200 g geriebener Käse, Butter.

Zubereitung:

Die Kartoffeln schälen und in Scheiben schneiden, mit dem Wein übergießen.

Eine flache Schüssel fetten, die Hälfte der Kartoffeln einfüllen, salzen und pfeffern. Ein Drittel des Käses und Butterflöckchen darübergeben.

Eine zweite Schicht auf gleiche Art darübergeben, mit Folie überdecken und ca. 50 Minuten bei 200 °C backen (kann am Tag zuvor vorbereitet werden).

Dann den restlichen Käse darüberstreuen, Butterflöckchen aufsetzen und nochmals 20 Minuten bei guter Mittelhitze bräunen.

Zeitaufwand: ca. 1½ Stunden.

Kartoffel-Terrine

Zutaten:

650 g Pellkartoffeln, 200 g Zucchini, 250 g rote Paprika, 100 g Zwiebeln, Knoblauch, 2 EL Öl, 2 Eier, 200 g Buchweizengrütze, Petersilie, Salz Pfeffer und Muskat.

Zubereitung:

Pellkartoffeln pürieren, Zucchini, Paprika und Zwiebeln würfeln, mit dem Knoblauch in Öl dünsten.

Das Gemüse, die Buchweizengrütze, die gequirlten Eier, Petersilie, Salz, Pfeffer und Muskat unter die pürierten Pellkartoffeln unterheben und in eine feuerfeste Form geben.

35 Minuten bei 200 °C im Backofen backen. Dazu kann Käsesauce gereicht werden.

Zeitaufwand: ca. 1 Stunde.

Kohlrabi mit Hirse gefüllt

Zutaten:

4 Kohlrabi, Meersalz, 2 Zwiebeln, 250 g frische Champignons, 125 g Hirse, 250 ml Wasser, 30 g Pflanzenmargarine, körnige Hefewürze, 80 g geriebener Käse, 1 Becher saure Sahne, Gewürze.

Zubereitung:

Kohlrabi waschen, schälen, von jeder Knolle einen Deckel abschneiden, das Innere aushöhlen und in kleine Würfel schneiden. Die Knolle in Salzwasser 10 Min. kochen.

Die gewürfelten Zwiebeln, Champignons und Hirse in Pflanzenfett andünsten, die Kohlrabiwürfel zugeben.

Mit kochender, abgeschmeckter Brühe aufgießen und 15 Min. garen lassen. Abschmecken, Käse und Sahne unterheben.

Die Masse in die Kohlrabi füllen und 15 Min. überbacken (220 °C).

Zeitaufwand: ca. 1 Stunde

Wirsing mit Sahnehaube

Zutaten:

1 Kopf Wirsingkohl, 200 g süße Sahne, 1 Eigelb, Salz, Pfeffer, Muskat, Paprika, 2 EL herben Weißwein oder 1 EL Zitronensaft, 100 g geriebenen Käse und gehackte Petersilie.

Zubereitung:

Den Wirsingkohl putzen, waschen, in Achtel schneiden und in ⅛ l Salzwasser 15 bis 20 Min. garen.

Sahne steifschlagen, 1 Eigelb unterziehen, mit den Gewürzen und dem Wein abschmecken. Den geriebenen Käse zur Hälfte unter die Sahne mischen.

Den Wirsing auf einer Platte anrichten. Käse-Sahne darüber verteilen, restlichen Käse darüberstreuen. Im Grill oder Backofen gratinieren.

Kohlrouladen mit Reisfüllung

Zutaten:

125 g Naturreis, Salz, 1 Wirsingkohl, 50 g Sesamsaat, 125 g Goudakäse, 1 Bund Petersilie, Cayennepfeffer, 30 g Butter, ¼ l Gemüsebrühe, 1 Becher Schlagsahne (200 g).

Zubereitung:

Reis in ¼ l Salzwasser etwa 30 Minuten kochen.

Vom Kohl sechs große Blätter ablösen. In sprudelndes Salzwasser geben und 2 Minuten kochen lassen.

100 g Kohl in Streifen schneiden und im Salzwasser 2 Minuten kochen. Abtropfen lassen. Den restlichen Kohl anderweitig verwenden.

Sesam in einer Pfanne (ohne Fett) hellbraun rösten. Reis mit geriebenem Käse, Kohlstreifen, Sesam und gehackter Petersilie mischen. Mit Salz und Cayennepfeffer kräftig abschmecken.

Reis auf die Kohlblätter verteilen, aufrollen und mit Holzspießchen zusammenstecken. In heißem Fett rundherum leicht anbraten. Brühe zugießen und im geschlossenen Topf 20 Minuten schmoren.

Kohlrouladen herausnehmen und warmstellen. Sahne zugießen und im offenen Topf cremig einkochen lassen.

Zeitaufwand: ca. 1 Stunde

Pellkartoffeln mit Gerstenremoulade

Zutaten:

100 g Sprießkorngerste, Vollmeersalz, 2 Eier, 2 Bund Schnittlauch, 150 g Salatgurke, 2 EL Kapern, 300 g Crème fraîche, 1 TL Zitronensaft, weißer Pfeffer, 1 große Frühlingszwiebel und 1 kg neue Kartoffeln.

Zubereitung:

Die Gerste 2 Stunden in ½ l kaltem Wasser einweichen, dann 1 Stunde zugedeckt schwach kochen lassen.

Mit Salz würzen und ca. 15 Min. nachquellen und erkalten lassen.

Inzwischen die hartgekochten Eier pellen und würfeln. Die Zwiebel putzen und waschen, weiße Teile würfeln, das Grüne in feine Ringe schneiden. Schnittlauch in Röllchen schneiden und die Gurke würfeln.

Alle Zutaten mit Kapern und Crème fraîche mischen, mit Salz, Zitronensaft und Pfeffer würzen und zum Durchziehen kühlstellen.

Die Kartoffeln bürsten und in Salzwasser ca. 20 bis 25 Minuten garen. Abgedämpft zur Remoulade servieren.

Zeitaufwand: 30 Minuten (Garzeit der Gerste 1¼ Stunde).

Kohlrouladen mit Roggenfüllung

Zutaten:

100 g Roggen, getrocknete Steinpilze (ca. 5 g), 2 Zwiebeln, 250 g Möhren, 8 Weißkohlblätter, 30 g Butter, 1 EL Majoran, Vollmeersalz, Pfeffer, 60 g geriebenen Parmesankäse, 30 g Butterschmalz, 500 g Champignons, ⅛ l Sahne.

Zubereitung:

Den Roggen über Nacht in ¼ l Wasser einweichen.

Zugedeckt ca. 1½ Stunden bei milder Hitze garen.

Die Steinpilze 30 Minuten in ¼ l warmem Wasser einweichen.

Zwiebeln würfeln und Möhren grobraffeln. Zwiebeln, Roggen und Möhren in Butter 5 Minuten zugedeckt dünsten und mit gehacktem Majoran, Salz und Pfeffer würzen.

Den Käse untermischen, die Masse auf die Kohlblätter verteilen und zu Rouladen aufrollen.

In 15 g Fett anbraten, die Steinpilze mit dem Wasser hinzugeben und zugedeckt 30 Minuten schmoren. Wenden nicht vergessen!

Die Champignons in 15 g Butterschmalz 5 Minuten braten, würzen und den Saft zur Sauce geben. Rouladen und Pilze warmstellen.

Saucenfond mit Sahne cremig einkochen und zu den Rouladen servieren.

Vorbereitungszeit: 1 Stunde.

Garzeit: 40 Minuten.

Paprikaschoten mit Hirsefüllung

Zutaten:

2 Zwiebeln, 200 g Hirse, 4 EL Öl, 400 cm³ Gemüsebrühe (gekörnt), 3 kleine rote Paprikaschoten, 200 g Käse (z. B. Gouda), Salz, Pfeffer, Butter für die Form.

Zubereitung:

Zwiebeln abziehen, würfeln. Hirse in heißem Öl unter Rühren kurz andünsten. Zwiebeln hinzufügen, glasig werden lassen.

Brühe zugießen. Im geschlossenen Topf bei kleiner Hitze 20 Minuten garen. Bei abgeschalteter Kochstelle weitere 10 Minuten quellen lassen.

Paprika waschen, halbieren (längs), entkernen. Käse grobraspeln. Hirse mit 100 g Käse mischen, mit Salz und Pfeffer würzen.

Die Mischung in die Paprikaschoten füllen, mit dem restlichen Käse bestreuen. Schoten in eine gefettete, ofenfeste Form setzen. Bei 200 °C (Gas, Stufe 3) 20 Minuten im Backofen backen.

Dazu: holländische Sauce.

Zeitaufwand: ca. 55 Minuten.

Schwarzwurzel-Ragout

Zutaten:

750 g Schwarzwurzeln, 1 Zitrone, 300 g Möhren, 1 Bund Schnittlauch, 25 g Trockenpilze, Essig, Salz, weißer Pfeffer, 1 TL Zucker, 2 Eigelb, 1 Becher Sahne, 3 EL Butter, 2 bis 3 EL Weizenmehl, ¼ l Gemüsebrühe.

Zubereitung:

Pilze 1½ bis 2 Stunden in ⅜ l Wasser einweichen. Schwarzwurzeln schälen und in Essigwasser legen. 1 EL Fett zerlassen. Schwarzwurzeln in Stücke geschnitten darin andünsten.

Mit ¼ l Gemüsebrühe aufgießen. 15 Minuten garen, mit Salz, Pfeffer, etwas Zucker, 2 bis 3 EL Zitronensaft würzen.

Pilze in ¼ l Wasser mit etwas Salz 15 Min. kochen. Die fein gewürfelten Wurzeln 5 Minuten mit den Schwarzwurzeln garen.

Gemüse mit der Schaumkelle herausnehmen.

Von 2 EL Fett helle Mehlschwitze herstellen.

Pilze mit der Flüssigkeit dazugeben, Sahne hinzufügen. Eigelb in die heiße Soße rühren. Schwarzwurzeln und Möhren 5 Minuten darin ziehen lassen.

Mit Schnittlauch bestreuen. Dazu Vollkornreis geben.

Zeitaufwand: ca. 50 Minuten

Sesamkartoffeln

Zutaten:

2 EL Sonnenblumenöl, 750 g kleine Kartoffeln, Meersalz, ¹⁄₁₆ l Wasser, 40 g Butter, 40 g Sesam, 6 Eier, 1 EL Sojasoße, 350 g Tomaten, 1 Bund Schnittlauch.

Zubereitung:

Das Sonnenblumenöl erhitzen, die Kartoffeln gründlich waschen, bürsten, vierteln und andünsten, mit Meersalz würzen.

Das Wasser dazugeben und die Kartoffeln 20 Minuten garen.

Die Butter erhitzen, Sesam dazugeben und anrösten lassen.

Die Kartoffeln abgießen (falls notwendig) und mit der Sesambutter mischen.

Die Eier mit der Sojasoße verquirlen und über die Kartoffeln gießen, stocken lassen und anrichten.

Die Tomaten enthäuten, entkernen, in Streifen schneiden und die Kartoffeln damit garnieren. Schnittlauch in Röllchen geschnitten überstreuen.

Dazu schmeckt frischer Blattsalat, entsprechend der Jahreszeit mit einer Essig- oder Zitronenmarinade.

Zeitaufwand: knapp 45 Minuten.

Rustikales Rührei

Zutaten:

150 g Zwiebeln, 375 g Zucchini, 250 g Auberginen, 250 g Paprika, Öl, 375 g Tomaten, Salz, Pfeffer, Thymian, 6 Eier, 6 EL Wasser, Salz.

Zubereitung:

Zwiebeln feinhacken, Zucchini, Auberginen und Paprikaschoten waschen und in Scheiben schneiden.

Öl in einer Pfanne erhitzen, die Gemüse hineingeben und 10 Minuten dünsten.

Tomaten in Viertel schneiden, dazugeben, mit Salz, Pfeffer und Thymian würzen.

Die Eier mit Wasser und etwas Salz verquirlen. In einer Pfanne Öl erhitzen, das Rührei hineingeben und etwas stocken lassen.

Gemüse darauf verteilen, das Ei vom Rand mit einem Löffel vorsichtig zur Mitte geben, weiter stocken lassen.

Zeitaufwand: ca. 45 bis 60 Minuten.

Selleriebratlinge mit Paprika-Bananen-Soße

Zutaten:

600 g Sellerie, 2 Bananen, 8 EL Weizenschrot, 3 Eier, Salz, 3 Paprikaschoten, 2 Gläser Buttermilch, Öl, Zwiebeln und Cayennepfeffer.

Zubereitung:

Einen Teig bereiten aus Weizenschrot, Eiern, Buttermilch und Salz. Sellerie grobraspeln und hinzufügen.

Mit einem Löffel Bratlinge formen und in Öl ausbacken.

Paprika und Zwiebeln feinwürfeln, in wenig Wasser 15 Minuten köcheln. Mit Salz und Cayennepfeffer würzen. Bananen würfeln und unterheben. Mit Banane und Selleriekraut garnieren.

Zeitaufwand: ca. 1 Stunde.

Zwiebelgemüse

Zutaten:

600 g Gemüsezwiebeln, 2 EL kaltgeschlagenes Öl, 2 EL Wasser, 1 TL gekörnte Gemüsebrühe, 100 ml Wasser, 100 g saure Sahne, 2 EL Weißwein oder Zitronensaft, 1 Eigelb, 1 geh. TL Oregano, Pfeffer, frisch gehackte Petersilie.

Zubereitung:

Zwiebeln in Ringe schneiden, Öl erhitzen, Wasser und Zwiebelringe hinzufügen und 5 Minuten leicht dünsten.

Wasser mit Gemüsebrühe hinzufügen, 10 Minuten gardünsten.

Saure Sahne, Weißwein und Eigelb verquirlen, Gewürze hinzufügen und mit dem Gemüse vermischen.

Zeitaufwand: 30 Minuten.

Steckrüben mit Kümmelkartoffeln

Zutaten:

½ Steckrübe, 1 Zwiebel, 1 EL Sonnenblumenöl. Gewürze: Kümmel, Nelke, Anis, Koriander oder Basilikum, Thymian, Piment und Majoran. 5 mittelgroße Kartoffeln.

Zubereitung:

Die Steckrübe putzen und in kleine Stäbchen schneiden.

Die Zwiebel in dem Öl andünsten, Steckrüben hinzutun und mit den Gewürzen nach Geschmack verfeinern. Mit einem halben Glas Wasser auffüllen und gar dünsten lassen.

Anrichten: Steckrübensaft abgießen. Die Steckrüben in einem TL Butter schwenken.

Die Kartoffeln waschen, bürsten und halbieren. Schnittfläche in Kümmel tauchen und mit der Schnittfläche nach oben auf ein gefettetes Backblech legen. Bei mittlerer Hitze (180–200 °C) 30–40 Minuten backen.

Zeitaufwand: ca. 1 Stunde.

Thymian-Reisbällchen auf Tomatengemüse

Zutaten:

200 g Langkorn-Vollreis, Salz, 2 Bund Frühlingszwiebeln, 500 g Tomaten, 2 Eier, 80 g Vollkorntoastbrösel, 50 g geriebener Parmesankäse, 2 Bund Thymian (gehackt), Pfeffer, 2 EL Olivenöl, 2 Knoblauchzehen, 30 g Butterschmalz.

Zubereitung:

Reis waschen, in ½ l Wasser ca. 30 Min. garen.

Zwiebeln in Ringe schneiden, Tomaten brühen, abziehen und würfeln.

Den abgekühlten Reis mit Eiern, Bröseln, Parmesan, der Hälfte vom Thymian, Salz und Pfeffer verkneten.

Zwiebeln in Öl andünsten, die gehackten Tomaten dazugeben und mit Salz, Pfeffer und ausgepreßtem Knoblauch ca. 5 Minuten weiterdünsten.

Aus der Reismasse 12 Bällchen formen, in heißem Butterschmalz mit dem restlichen Thymian von beiden Seiten goldbraun braten. Die Reisbällchen auf dem Gemüse anrichten.

Zeitaufwand: 60 Minuten.

Tofu-Curry

Zutaten:

2 rote Paprikaschoten, 1 Bund Frühlingszwiebeln, 50 g Butter, 250 g Vollkornreis, 2 TL Curry, ¾ l Gemüsebrühe (Instant), 250 g Tofu (Sojaquark),

Zubereitung:

Paprika putzen, waschen und in Streifen schneiden. Frühlingszwiebeln putzen, waschen und in Ringe schneiden. 30 g Fett erhitzen und das Gemüse darin andünsten.

Reis hinzufügen, Curry unterrühren und gut anschwitzen. Mit der Brühe auffüllen. Aufkochen und bei schwacher Hitze ca. 20 Minuten ausquellen lassen.

50 g Cashewkerne, 1 Becher (200 g) Schlagsahne, Salz, weißer Pfeffer.

Tofu in Würfel schneiden. Restliches Fett erhitzen und Tofuwürfel und Cashewkerne darin anrösten.

Beides unter den Reis mischen, Sahne unterrühren und alles mit Salz, Pfeffer und Curry abschmecken.

Zeitaufwand: ca. 45 Minuten.

Überbackene Möhren

Zutaten:

600 g Möhren, 200 g Gemüsezwiebeln, 20 g Öl, 1 Knoblauchzehe, Salz und Pfeffer, 1 EL Liebstöckl, 1 EL Petersilie, evtl. Muskatnuß, 50 g geriebener Hartkäse, etwas Semmelbrösel oder Sesam sowie einige Butterflöckchen.

Zubereitung:

Die geputzten Möhren in dicke Scheiben schneiden und die Zwiebeln in große Würfel; beides in sehr wenig Flüssigkeit bei gut schließendem Deckel 5 bis 8 Minuten dünsten.

Das Öl, die zerdrückte Knoblauchzehe, die Gewürze und Kräuter hinzugeben und alles vorsichtig vermengen.

Das Gemüse ohne Flüssigkeit in eine gefettete Auflaufform geben, den geriebenen Käse darüberstreuen, wenig Semmelbrösel und Butterflöckchen obenaufsetzen und bei 220 °C 10 Minuten überbacken.

Als Beilage eignen sich Pellkartoffeln und Rohkostsalat.

Zeitaufwand: ca. 45 Minuten.

Weißkohl-Rouladen

Zutaten:

1 kl. Weißkohl (500 g), 500 g Austernpilze, 2 Zwiebeln (60 g), 1 Knoblauchzehe, 2 EL Butter oder Margarine, ½ Becher (100 g) Schlagsahne, 6 EL Roggenschrot, Pfeffer, Salz, 1 Bund Petersilie.

Zubereitung:

Vom Kohlkopf 8 Blätter lösen, waschen, trokkentupfen, Strunk flachschneiden.

Pilze waschen, trockentupfen und kleinschneiden. Zwiebeln und Knoblauch durchpressen. Fett in einer Pfanne zerlassen, Zwiebeln und Knoblauch darin andünsten.

Die Pilze hinzufügen und 5 bis 10 Minuten mitdünsten.

2 EL Sahne angießen, Roggenschrot, Gewürze und gehackte Petersilie unterrühren.

Die Masse etwas abkühlen lassen, dann auf die Kohlblätter verteilen. Zu Rouladen aufrollen und mit Holzstäbchen feststecken oder mit Garn zusammenbinden. Rundum anbraten, Sahne angießen und 30 Minuten schmoren.

Soße abschmecken. Dazu Pellkartoffeln reichen.

Zeitaufwand: ca. 1 Stunde.

Fleischgerichte

Bunte Bohnenpfanne
Filetscheiben mit Sprossencreme
Fleisch-Gemüse-Pfanne
Gebeizte Schweinslende
Geschnetzeltes vom Schwein
Hähnchen in Paprikasauce
Hammelfleisch mit Bohnen
Gemüsepfanne mit Huhn
Labskaus nach Kapitänsart
Möhrenpfanne mit Schweinefleisch
Naturreis mit Geflügel
Pochiertes Kalbsfilet
Poularde auf indische Art
Rouladen mit Gerstenfüllung
Walnuß-Frikadelle
Rindsroulade mit Banane gefüllt
Chinakohl-Rouladen mit Hähnchenfüllung

Bunte Bohnenpfanne

Zutaten:

250 g Bohnen (rot, weiß, schwarz), ¾ l ungesalzene Gemüsebrühe, 2½ EL kaltgepreßtes Olivenöl, 1 EL Zitronensaft, 1 TL Curry, 2 Hühnerbrüste à 350 g, 2 Knoblauchzehen, 2 Zwiebeln, 1 EL Butter, 1 rote Paprika (300 g), ¼ TL gemahlener Koriander, schwarzer Pfeffer, Cayennepfeffer, ¼ TL gem. Ingwer, 1 EL Sojasoße, Meersalz, 1 Bund Schnittlauch.

Zubereitung:

Bohnen über Nacht in der Brühe einweichen.

1½ TL Öl und 1 EL Zitronensaft und Curry verrühren. Hühnerbrüste damit bestreuen. Bohnen 40 Min. köcheln lassen.

Knoblauch feinhacken, Zwiebeln in Streifen schneiden, beides in ½ EL Öl und ½ EL Butter dünsten. Paprika in Streifen dazugeben, Bohnen ebenfalls dazugeben. Mit Koriander, schwarzem Pfeffer, Cayennepfeffer kräftig würzen, umrühren und ca. 10 Min. weiterköcheln lassen.

Restliches Fett (Öl und Butter) erhitzen, Hühnerbrüstchen anbraten, garen.

Die fertig gegarten Bohnen mit Ingwer, Sojasoße und Salz abschmecken. Hühnerbrüstchen in Stücke teilen, mit den Bohnen anrichten. Schnittlauchröllchen vor dem Essen darüberstreuen.

Zeitaufwand: ca. 1½ Stunden.

Filetscheiben mit Sprossencreme

Zutaten:

2 Schweinefilets (ca. 600 g), Salz, Pfeffer, 3 EL kaltgepreßtes Pflanzenöl, 1 Becher Vollmilchjoghurt (150 g), 3 EL Crème fraîche, 1 EL kaltgepreßtes Pflanzenöl, 1–2 EL Zitronensaft, 3 EL Alfalfakeimlinge, 3 EL Mungobohnenkeimlinge, 1 EL Rettichkeimlinge, 1 EL Senfkeimlinge, 1 EL Sonnenblumenkeimlinge.

Zubereitung:

Filets mit Salz und Pfeffer einreiben. Im erhitzten Öl anbraten, danach zudecken. Bei verringerter Temperatur ca. 15 Min. weiterbraten.

Die Filets herausnehmen, in Alufolie wickeln und kurz nachziehen lassen.

Für die Creme: Joghurt, Crème fraîche, Öl und Zitronensaft in den Mixer geben, jeweils 1 EL Alfalfa- und Mungobohnenkeimlinge und die Hälfte der Rettich- und Senfkeimlinge hinzufügen.

Pürieren, mit Pfeffer und Salz abschmecken. Restliche Keimlinge grobhacken und locker unterheben.

Das Filet in Scheiben schneiden, sofort zur Sprossencreme servieren.

Zeitaufwand: ca. 30 Minuten.

Fleisch-Gemüse-Pfanne

Zutaten:

400 g Schnitzel, 8 Schalotten, 3 EL Öl, Pfeffer aus der Mühle, 400 g Möhren, 400 g Staudensellerie, 400 g Austernpilze, Sojasauce, ½ Bund Petersilie, 500 g Reis.

Zubereitung:

Fleisch in Streifen schneiden, die Schalotten abziehen und feinwürfeln. Beides im erhitzten Öl anbraten.

Mit Pfeffer würzen, herausnehmen; Gemüse putzen, kleinschneiden und in dem Fett 10 Minuten dünsten.

Fleisch hinzufügen und mit Sojasauce und gehackter Petersilie abschmecken.

Dazu gekochten Reis servieren.

Zeitaufwand: 1 Stunde.

Gebeizte Schweinslende

Zutaten:

2 kleine Schweinslenden; eine Beize aus ¼ l rotem Kochwein, einer in Scheiben geschnittenen Zwiebel, 1 Lorbeerblatt, 2–3 zerdrückten Wacholderbeeren, etwas Salz und Pfeffer herstellen; 30 g Butter, ½ l Fleischbrühe; ½ Tasse saure Milch mit 1 TL Mehl verquirlen.

Zubereitung:

Die Schweinslenden müssen in der Rotweinbeize mit den angegebenen Gewürzen einige Tage durchziehen, wobei man sie jeden Tag wenden muß.

Zur Zubereitung trocknet man sie ab, brät sie in der heißgemachten Butter auf beiden Seiten braun, gibt die Fleischbrühe sowie die mit dem Mehl gut verquirlte saure Milch daran und schmort die Schweinslenden zugedeckt etwa ½ Stunde.

Der Bratensatz wird über die in Scheiben geschnittenen Schweinslenden gegossen.

Zeitaufwand: 1 Stunde.

Geschnetzeltes vom Schwein

Zutaten:

½ kg Schweinefleisch, ½ kg Zwiebeln, 2 Paprikaschoten, 250 g Weißkohl, 1 Stange Porree, Gewürze, 2 EL Öl, ½ TL Salz, 1 Msp. Pfeffer, ½ TL Knoblauch, ¼ Tasse Sojasauce, ¾ l Brühe oder Wasser, 2 TL Kartoffelmehl.

Zubereitung:

Fleisch, Zwiebeln, Paprika, Weißkohl und Porree kleinschneiden.

Das Fleisch in sehr heißem Fett anbraten und alle Zutaten hinzugeben. Etwa 30 Minuten schmoren und mit Kartoffelmehl andicken.

Als Abwandlung kann man Pilze und Sojakeimlinge hinzufügen. Dazu passen sehr gut Reis oder Salzkartoffeln.

Als Nachtisch eignen sich sehr gut in Butter gebackene Bananen, die mit Zucker und Zimt bestreut werden.

Zeitaufwand: 45 Minuten.

Hähnchen in Paprikasauce

Zutaten:

¼ Hähnchen (150 g Fleischanteil), 1 Paprikaschote, 1 EL Pflanzenöl, gekörnte Brühe, 20 g Zwiebelringe, 1 EL Tomatenmark, 100 g Kartoffeln.

Zubereitung:

Hähnchen in heißem Öl anbraten. Gehackte Zwiebeln und in Streifen geschnittene Paprika dazugeben und dünsten. Mit ⅛ l gekörnter Brühe auffüllen. Alles ca. 30 Minuten garen.

Hähnchenfleisch herausnehmen und warmstellen. Gemüse mit Tomatenmark und etwas Paprikapulver würzen. Zu den gekochten Kartoffeln servieren.

Zeitaufwand: 60 Minuten.

Hammelfleisch mit Bohnen

Zutaten:

⅛ l Tomatensaft, 125 g mageres Hammelfleisch, 250 g Bohnen, 100 g Kartoffeln, 1 TL Pflanzenöl, 20 g Zwiebeln, gekörnte Brühe, Pfeffer.

Zubereitung:

Zwiebeln kleinschneiden und glasigdünsten. Hammelfleisch in große Würfel schneiden und dazugeben. Von allen Seiten anbraten.

Danach knapp mit Wasser bedecken und zugedeckt ca. 30 Minuten schmoren lassen.

Bohnen und Kartoffelwürfel dazugeben und zu Ende garen. Mit gekörnter Brühe und Pfeffer würzen.

Zeitaufwand: 45 Minuten.

Gemüsepfanne mit Huhn

Zutaten:

2 Zwiebeln, 4 Hähnchenschnitzel, 2 Paprikaschoten, 400 g Weißkohl, 4 kleine Frühlingszwiebeln, 200 g Möhren, 2 EL Öl, 200 g Naturreis; Gewürze: Paprika, Knoblauchzehe, Salz, Pfeffer; für den Chinakohlsalat: 1 großer Chinakohl, 4 Apfelsinen, 2 Becher Joghurt, frische Kräuter, Salz und Pfeffer.

Zubereitung:

Naturreis garen, Gemüse waschen und putzen, Paprika und Weißkohl in Streifen, Frühlingszwiebeln und Möhren in Scheiben schneiden.

Das Hähnchenfleisch kleinschnetzeln, in Öl anbraten, aus der Pfanne nehmen. Weißkohl, Paprika und Möhren in die Pfanne geben und andünsten, würzen und garschmoren lassen. Kurz vor Schluß die Frühlingszwiebeln dazugeben. Fleisch hinzufügen und nochmal abschmecken.

Für den Salat aus Joghurt, Kräutern und Gewürzen eine Salatsauce bereiten. Chinakohl und Apfelsinen kleinschneiden und mit der Joghurtsauce vermischen.

Zeitaufwand: 45 Minuten.

Labskaus nach Kapitänsart

Zutaten:

600 g Ochsenfleisch, 1 kg Kartoffeln, 125 g rote Bete, 2 Zwiebeln, 4 Eier, Salatgurke, Salz, Pfeffer, Sardellenpaste.

Zubereitung:

Fleisch, Zwiebeln und rote Bete garkochen und durch den Wolf drehen.

Kartoffeln kochen und zu Brei stampfen.

Alles gut vermengen, würzen und mit Spiegelei und Gurke garnieren.

Zeitaufwand: ca. 2 Stunden.

Möhrenpfanne mit Schweinefleisch

Zutaten:

12 bis 16 Möhren, 8 kleine Zwiebeln, 4 kleine Schweineschnitzel, 1½ EL Öl, 4 EL Sojasauce, Salz und Pfeffer, 12 EL Naturreis.

Zubereitung:

Möhren waschen, schälen und grobraspeln. Zwiebeln putzen und in Scheiben schneiden. Schnitzel in Streifen schneiden und in dem Öl anbraten.

Das Fleisch aus der Pfanne nehmen. Dann die Möhren und Zwiebeln unter häufigem Wenden anbraten, bis das Gemüse Farbe bekommt.

Das Fleisch wieder hinzufügen und mit wenig Salz, Pfeffer und Sojasauce abschmecken. Wichtig ist, daß das Gemüse noch Biß hat. Dazu Reis reichen.

Zeitaufwand: ca. 30 Minuten.

Naturreis mit Geflügel

Zutaten:

200 g Naturreis, 1 TL Salz, 600 g gegartes Hähnchen ohne Haut und Knochen, 1 kleine Fenchelknolle, 2 EL Öl, 300 g tiefgefrorene Erbsen, ⅛ l Geflügelbrühe, ½ TL Salz, 1 Prise weißen Pfeffer, 1 EL Dillspitzen.

Zubereitung:

Den Reis gründlich waschen und in 2 l Salzwasser 40 Minuten sprudelnd kochen lassen.

Das Hähnchenfleisch in gleich große Stücke schneiden. Den Fenchel schälen, in Rippen zerlegen und in kleine Stücke schneiden; das Fenchelgrün hacken und aufbewahren.

Den gegarten Reis kalt abbrausen und abtropfen lassen. Das Öl in einem großen Topf erhitzen und das Geflügelfleisch mit dem Fenchel unter Umwenden darin anbraten. Die Erbsen zugeben, mit der Brühe auffüllen und zum Kochen bringen.

Den Reis mit dem Salz und dem Pfeffer unter das Geflügelfleisch mischen und bei schwacher Hitze zugedeckt 10 Minuten erhitzen; mit dem Dill und dem Fenchelgrün bestreuen.

Tip: Statt mit Hähnchenfleisch kann der Reis mit jedem Bratenrest gemischt werden.

Zeitaufwand: ca. 70 bis 80 Minuten.

Pochiertes Kalbsfilet in Erbsen-Sahne-Sauce

Zutaten:

1½ l Gemüsebrühe, 1 Zwiebel, 2 Pakete (75 g) tiefgefrorenes Suppengrün, 1 Lorbeerblatt, 500 g Kalbsfilet.

Gemüse: 8 kleine Bundmöhren, 8 kleine Teltower Rübchen, Salz, 1 Prise Zucker, 20 g Butter.

Soße: 300 g tiefgefrorene Erbsen, 1 EL Gemüsebrühe vom Pochieren, 200 g Schlagsahne, Muskatnuß, Salz und Pfeffer.

Zubereitung:

Gemüsebrühe aufkochen, Zwiebeln pellen und halbieren. Zusammen mit dem aufgetauten Suppengrün und dem Lorbeerblatt in die heiße Brühe geben und alles etwas einkochen lassen.

Kalbsfilet abspülen und trockentupfen. Mit einem Küchenband an einen Kochlöffel binden, diesen waagerecht auf den Topfrand legen und das Filet in die Brühe hängen. Darin 10 bis 12 Minuten ruhen lassen, warmstellen.

Für das Gemüse: Möhren und Rübchen waschen und schälen. Das Grün der Möhren bis auf 2 cm abschneiden, Topfboden mit Wasser bedecken. Salz, Zucker und Butter dazufügen, aufkochen und das Gemüse darin ca. 10 Minuten dünsten, dann darin pürieren.

Sahne hinzugießen, alles nochmals aufkochen und abschmecken.

Fleisch in Scheiben schneiden, Sauce darübergeben und mit dem Gemüse auf Tellern anrichten.

Dazu in Butter geschwenkte kleine Pellkartoffeln reichen.

Zeitaufwand: ca. 50 Minuten.

Poularde auf indische Art

Zutaten:

1 Poularde (ca. 1,5 kg), 1 Stange frische Ingwerwurzel, ½ TL Ingwerpulver, 2 Knoblauchzehen, 1 TL Salz, 1 Msp. gemahlene Nelken, ¼ TL Cayennepfeffer, 4 EL gemahlene süße Mandeln, 1 EL Zitronensaft, 3 EL Joghurt, 1 EL Honig, 1 EL Butter; für Curryreis: 250 g Reis, 2 EL Rosinen, Salz, 1 EL Butter, 1 Zwiebel, 2 TL Curry, 1 EL Zitronensaft.

Zubereitung:

Ingwer und Knoblauch schälen, sehr feinhacken und mit Salz bestreuen. Nelken, Cayennepfeffer, Mandeln, Zitronensaft und Joghurt unterrühren. Poularde in einen Bräter legen und mit der Joghurtmasse bestreichen. Möglichst 12 Stunden oder über Nacht abgedeckt kaltstellen.

Danach Honig und Fett in einem kleinen Topf bis zum Flüssigwerden erhitzen. Über die Poularde träufeln, ⅛ l Wasser dazugießen. Im vorgeheizten Backofen bei 225 °C 45 Minuten braten, dann im offenen Bräter noch ca. 20 Minuten weiterbraten.

Reis und Rosinen in kochendes Salzwasser geben, 12 Minuten kochen lassen. Fett in einem Topf erhitzen, Zwiebeln schälen, würfeln und hell darin andünsten. Topf vom Herd nehmen, Curry unterrühren und mit Zitronensaft ablöschen. Reis und Rosinen abtropfen lassen, mit einer Gabel unter den Curry ziehen. Poularde und Reis auf einer vorgewärmten Platte anrichten.

Zeitaufwand: 1½ Stunden.

Rouladen mit Gerstenfüllung

Zutaten:

100 g Gerstengrütze, 2 EL gekörnte Brühe in Wasser aufkochen, 3 EL Schlagsahne, 1 Pk. TK-Kräutermischung, 80 g Schafskäse, Salz, frisch gemahlener Pfeffer, 4 große dünne Scheiben Schweinefleisch à 150 g, je 2 EL Senf und Tomatenmark, 2 EL Öl, 2 Zwiebeln, 1 Pk. TK-Dicke Bohnen (300 g), 1 Pk. TK-Brechbohnen (300 g), 1 TL getrocknetes Bohnenkraut, 20 g Butter, evtl. Soßenbinder, Zitronensaft.

Zubereitung:

Gerste in heiße Brühe rühren und zwei Minuten kochen lassen. Bei kleiner Hitze 15 Minuten ausquellen lassen.

Sahne und Kräutermischung unter die Gerste rühren, etwas abkühlen lassen, zerbröckelten Schafskäse unterrühren. Die Masse mit Salz und Pfeffer abschmecken.

Fleischscheiben mit Senf und Tomatenmark bestreichen, mit Salz und Pfeffer bestreuen. Die Gerstenmischung auf dem Fleisch verteilen. Fleisch aufrollen und mit Küchenband zusammenbinden. In heißem Öl von allen Seiten braun anbraten, abgezogene Zwiebeln und ¼ l Wasser hinzufügen. Zugedeckt 1 Stunde schmoren.

15 Minuten vor Ende der Garzeit die beiden Bohnensorten in kochendem Salzwasser 15 Minuten kochen lassen, abgießen. Bohnenkraut in Butter andünsten, die Bohnen hinzufügen und in der Butter schwenken. Die Rouladen aus dem Schmorsud nehmen. Den Schmorsud eventuell etwas andicken. Mit Salz, Pfeffer und etwas Zitronensaft abschmecken. Rouladen mit dem Schmorsud und dem Bohnengemüse servieren.

Zeitaufwand: ca. 105 Minuten.

Walnuß-Frikadelle

Zutaten:

500 g gemischtes Hackfleisch (vom Rind), 100 g Walnüsse, 2 EL Tomatenmark, 2 Eier, Pfeffer, Salz, 16 halbe Walnüsse, Fett zum Braten.

Zubereitung:

Die Nüsse feinhacken und mit Hackfleisch, Ketchup, Eiern, Pfeffer und Salz verkneten.

16 kleine Frikadellen formen und in jede eine halbe Walnuß drücken.

Im heißen Fett von jeder Seite ca. 10 Minuten knusprig braunbraten. Warm oder kalt servieren.

Dazu passen Kartoffelsalat oder kleine Brötchen.

Zeitaufwand: 30 Minuten.

Rindsroulade mit Banane gefüllt

Zutaten:

2 Rindsrouladen (à 160 g), 1 EL scharfer Senf, 2 schwach gehäufte EL Parmesan, frisch gemahlener schwarzer Pfeffer, 2 mittelgroße Bananen (200 g), 1 EL Pflanzenöl, 2 EL Sojasoße, 250 g Vollkornreis, 2 EL Curry, 500 g Rosenkohl.

Zubereitung:

Die Rindsrouladen mit dem Senf bestreichen, mit dem Parmesan bestreuen und pfeffern. Das Fleisch jeweils um eine Banane rollen und mit Holzspießchen oder Faden zusammenhalten.

Im heißen Öl von allen Seiten kräftig anbraten. 150 ml Wasser angießen und zugedeckt etwa 45 Minuten schmoren lassen.

Die Rouladen herausnehmen und halbieren. Den Bratfond mit weiteren 150 ml Wasser und der Sojasauce verrühren, Bindemittel hineinstreuen und die Sauce unter Rühren binden.

Den Vollkornreis in ½ l Flüssigkeit (Fleischbrühe) im offenen Topf aufkochen, dann zugedeckt in etwa 20 Minuten garziehen lassen. Mit Curry würzen.

Rosenkohl säubern und 20 Minuten im kochenden Wasser garen.

Zeitaufwand: ca. 90 Minuten.

Chinakohl-Rouladen mit Hähnchenfüllung

Zutaten:

2½ l Wasser, Salz, 1,5 kg Chinakohl, 500 g Möhren, 200 g Frühlingszwiebeln, 500 g Hähnchenbrustfilet, 3 EL Sojasoße, Salz, weißer Pfeffer, 1 Ei, 4 EL Öl, ⅛ l Wasser, 2 EL Öl, Salz, Pfeffer, 300 g TK-Erbsen, 125 g süße Sahne, Salz, Sojasoße, evtl. Mehl.

Zubereitung:

Wasser mit Salz ankochen, die 12 größten Kohlblätter nacheinander etwa 3 Minuten darin blanchieren, abtropfen lassen und Rippen der Kohlblätter flachschneiden; restlichen Kohl in Streifen, Möhren in Scheiben, Zwiebeln in feine Ringe, Fleisch in dünne Streifen schneiden.

Fleisch und Zwiebeln mit Sojasoße, Salz, Pfeffer und Ei mischen, Füllung auf die Kohlblätter verteilen und zu Rouladen aufrollen und mit einem Faden umwickeln. Öl erhitzen, Rouladen darin anbraten. Wasser dazugießen und das geschlossene Gefäß in den vorgeheizten Backofen setzen (200°) 15 bis 20 Min. Öl erhitzen, Kohl und Möhren darin dünsten, Salz, Pfeffer und Erbsen dazugeben. Rouladen herausnehmen und warmstellen.

Flüssigkeit mit Sahne aufkochen, abschmecken und evtl. mit angerührtem Mehl binden. Rouladen auf dem Gemüse anrichten. Soße getrennt dazu servieren.

Zeitaufwand: ca. 1 bis 1½ Std.

Fischgerichte

Fischfilet mit Zitronenkruste
Forelle blau mit Estragonsoße
Bunter Fischauflauf
Porreefisch
Schellfischfilet in Paprika
Reis-Fisch-Curry
Rotbarsch im Gemüsebett
Rotbarschröllchen mit Kresseschaum
Sauerkraut-Fisch-Auflauf

Fischfilet mit Zitronenkruste

Zutaten:

4 EL Weizenvollkornschrot, 4 Fischfilets, Zitronensaft, Salz, Pfeffer, 1 Zwiebel, 250 g frische Champignons, 3 EL Öl, 4 Tomaten, 2 EL Vollkornsemmelbrösel, abger. Zitronenschale, ¼ Bund Zitronenmelisse, 2 EL Käse, etwas Sahne (100 ml).

Zubereitung:

Vollkornschrot in 4 EL Wasser ½ Stunde einweichen, Fisch waschen und in Zitronensaft säuern (10 Minuten), dann salzen, pfeffern und in eine ausgefettete Auflaufform legen.

Zwiebeln feinschneiden, Champignons putzen, in Scheiben schneiden mit Zitronensaft beträufeln.

Etwas Butter erhitzen, Zwiebeln darin glasigdünsten, Champignons dazu. Tomaten putzen und in Scheiben schneiden.

Die Champignon-Zwiebel-Masse auf den Fisch geben. Tomatenscheiben darauf, salzen und pfeffern. Vollkornschrot mit Semmelbrösel, Zitronenschale, Zitronenmelisse und Käse mischen und auf die Tomaten geben, mit Sahne übergießen. Im vorgeheizten Ofen (180 °C) ca. 20 Minuten backen (200 °C).

Zeitaufwand: ca. 60 Minuten.

Forelle blau in Estragonsoße

Zutaten:

4 ausgenommene Forellen von je etwa 250 g Gewicht, 2 l Wasser, Salz, 1 Zitrone, 6 Pfefferkörner, 5 Perlzwiebeln, etwas trockener Weißwein, 1 Bund oder 5 EL geriebener Estragon, 20 g Butter, 3 Eigelb, Cayennepfeffer, Estragonessig.

Zubereitung:

Die ausgenommenen Forellen innen und außen sorgfältig unter fließendem Wasser waschen.

Sodann Wasser mit Zitronensaft, Pfefferkörnern, Weißwein, geschälten, gerösteten Perlzwiebeln, 3 EL Estragonessig mit ½ Bund Estragon aufkochen, salzen und 10 Minuten ziehen lassen.

Die Forellen mit einem Küchenfaden an Maul und Schwanz zusammenbinden, damit sie einen Bogen bilden. Die Fische in den Sud legen und bei schwacher Hitze 10 bis 12 Minuten leicht ziehen lassen, aber nicht sprudelnd kochen.

Dem Sud 8 EL entnehmen und mit dem restlichen feingehackten Estragon in eine kleine Schüssel geben. Diese in ein Wasserbad stellen, das Eigelb beigeben und zu einer Masse verrühren. Schüssel aus dem Wasserbad nehmen, zerlassene Butter darunterschlagen. Mit Salz, Cayennepfeffer und etwas Estragonessig abschmecken.

Forellen aus dem Sud nehmen, kurz abtropfen lassen und auf vorgewärmten Tellern anrichten. Mit Soße übergießen oder getrennt servieren.

Bunter Fischauflauf

Zutaten:

225 g Pellkartoffeln, 100 g Mohrrüben, 200 g Porree, 400 g Seelachsfilet, Salz, Pfeffer, Zitronensaft, 100 g Schmelzkäse, 1 TL gekörnte Brühe.

Zubereitung:

Möhren stifteln, Porree in Ringe schneiden und in eine Auflaufform geben.

Die mit Salz, Pfeffer und Zitronensaft abgeschmeckten Seelachsfilets daraufgeben und in der Mikrowelle ca. 10 Minuten garen.

Fischsud abgießen und mit dem Schmelzkäse und der Brühe in der Mikrowelle erhitzen und glattrühren.

Die Pellkartoffeln in Scheiben schneiden und über den Fisch geben, die Käsesauce darübergießen, nochmals 10 Min. übergrillen.

Zeitaufwand: ca. 20 Minuten (ohne Garzeit).

Porreefisch

Zutaten:

750 g Fischfilet, Salz, Pfeffer, ¼ l Weißwein, 750 g Porree, 100 g Schinkenspeck, 30 g Fett, Salz, Pfeffer, 200 g geriebener Goudakäse.

Zubereitung:

Fisch säubern, in eine Auflaufform geben, würzen und Wein hinzufügen.

Porree in Ringe, Speck in Würfel schneiden, Fett erhitzen, Speck darin anbraten. Porree dazugeben und andünsten.

Danach würzen, über den Fisch geben und die Form in den kalten Backofen setzen.

Auf mittlerer Schiene bei 200 °C, 50 bis 60 Minuten garen. Mit Käse bestreuen und 5 bis 10 Minuten überbacken.

Dazu serviert man Pellkartoffeln.

Zeitaufwand: 1½ Stunden.

Schellfischfilet in Paprika

Zutaten:

500 g rote, 500 g gelbe oder grüne Paprika, 500 g Zwiebeln, 2 EL Butter, 1 EL Paprikapulver, Salz, Pfeffer, 2 Bund Schnittlauch, 150 g Crème fraîche, 500 g Schellfischfilet, 2 EL Zitronensaft.

Zubereitung:

Paprika grobraspeln, Zwiebeln in Scheiben schneiden, in Butter andünsten, würzen und etwa 5 Min. unter häufigem Rühren weiterdünsten.

Schnittlauch schneiden und unter das Gemüse rühren, in eine gefettete Auflaufform füllen.

Fisch abspülen, mit Zitronensaft beträufeln und mit Salz bestreuen.

Eine Mulde in das Gemüse drücken, Fisch hineinlegen und mit Gemüse bedecken.

Form auf den Rost in den vorgeheizten Backofen schieben.

Zeitaufwand: ca. 30 Minuten.

Reis-Fisch-Curry

Zutaten:

200 g Vollkornreis, ½ l Fleischbrühe, 600 g Rotbarsch- oder Dorschfilet, 1 Zitrone, Salz, weißer Pfeffer, 5 Frühlingszwiebeln, 2 EL Öl, 300 g Tiefkühlerbsen, 2 EL Butter, Mehl zum Wenden, 2 EL Curry, ½ Bund Petersilie, 4 Tomaten.

Zubereitung:

Den Vollkornreis mit der Fleischbrühe im offenen Topf aufkochen, dann zugedeckt in etwa 20 Minuten garziehen lassen.

Fisch abspülen und trockentupfen. Zitrone heiß waschen, abtrocknen, die Schale abreiben und den Saft auspressen.

Fisch mit dem Saft säuern, mit Salz und Pfeffer würzen. Die Zwiebeln putzen, in feine Ringe schneiden und in einer großen Pfanne im heißen Öl leicht anbraten, dann herausnehmen und zusammen mit den unaufgetauten Erbsen unter den nicht ganz garen Reis mischen.

Die Butter zum Bratfett geben. Den Fisch kurz in Mehl wenden und in der Pfanne auf beiden Seiten leicht bräunen, dann mit dem Pfannenwender in seine natürlichen Segmente zerteilen.

Den Vollkornreis kräftig mit Curry und der Zitronenschale würzen und zum Fisch geben. Das Gericht in der Pfanne servieren und mit Petersilie und Tomaten garnieren.

Zeitaufwand: ca. 1 Stunde.

Rotbarsch im Gemüsebett

Zutaten:

800 g Rotbarschfilet, Saft einer Zitrone, Salz, Pfeffer, ⅛ l trockener Weißwein, 1 P. 450 g junges Tiefkühlgemüse, 50 g Emmentaler Käse.

Zubereitung:

Rotbarschfilet waschen, trockentupfen, mit Zitronensaft beträufeln. 5 Minuten ziehen lassen, dann salzen und pfeffern.

Weißwein im flachen Topf aufkochen. Gemüse dazutun und leicht salzen und abschmecken. Rotbarsch darauflegen.

Bei schwacher Hitze im geschlossenen Topf ca. 15 bis 20 Minuten dünsten. Dann den Deckel abnehmen und Käse darüberreiben.

Im vorgeheizten Backofen bei 250 °C oder Gas Stufe 5 bis 6 kurz überbacken, bis der Käse geschmolzen ist. Dann sofort servieren. Dazu schmeckt sehr gut Kartoffelpüree oder gedünsteter Reis.

Zeitaufwand: ca. 40 bis 50 Minuten.

Rotbarschröllchen mit Kresseschaum

Zutaten:

600 g Rotbarschfilets (mind. 20 cm lang), 2 EL Zitronensaft, ½ TL Salz, 250 g Kartoffeln, 3 EL Crème fraîche, 1 Eigelb, 2 Kästchen Kresse, Salz, Pfeffer, 1 Eiweiß, 1 TL Butter.

Zubereitung:

Fischfilets abspülen, trockentupfen, in 4 bis 5 cm breite Längsstreifen schneiden, mit Zitronensaft beträufeln und mit Salz bestreuen.

Kartoffeln waschen, in wenig Wasser etwa 20 Minuten garkochen, pellen, durch die Kartoffelpresse drücken, mit Crème fraîche und Eigelb verrühren.

Kresse abspülen, abschneiden und die Blättchen unterrühren. Mit Salz und Pfeffer abschmecken. 1 Eiweiß steifschlagen und unterheben.

Eine flache Auflaufform mit 1 TL Butter ausfetten. Fischfilets mit der Kartoffelmasse bestreichen, locker zusammenrollen, dicht an dicht mit der Breitseite in die Auflaufform setzen, mit Alufolie abdecken, auf dem Rost in den vorgeheizten Backofen schieben. 200 °C, Bratzeit etwa 20 Minuten.

Dazu grünen Salat reichen.

Zeitaufwand: ca. Zubereitungszeit 30 Minuten, Bratzeit 20 Minuten.

Sauerkraut-Fisch-Auflauf

Zutaten:

400 g Sauerkraut, 1 TL Zucker, 2 Pimentkörner, 4 Pfefferkörner, 4 Wacholderbeeren, 1 Lorbeerblatt, 8 gehäufelte EL Apfelmus, 4 Scheiben Kabeljaufilet, 2 EL Zitronensaft, Salz, 100 g gekochter Schinken, 100 g Schnittkäse (40 % Fett).

Zubereitung:

Eine Auflaufform mit Deckel mit etwas Öl auspinseln.

Das Sauerkraut feinschneiden und mit den Gewürzkräutern, dem Lorbeerblatt und Apfelmus vermischen.

Die Fischfilets kalt abspülen, trockentupfen, mit Zitronensaft beträufeln und mit Salz bestreuen. Den Schinken würfeln.

Das Sauerkraut in die Auflaufform füllen, den Fisch darauflegen und die Schinkenwürfel darüberstreuen. Den Deckel auflegen und im vorgeheizten Backofen bei mittlerer Hitze etwa 25 Minuten garen.

Dann den Deckel abnehmen, die Käsescheiben auflegen und den Auflauf unbedeckt 3 bis 5 Minuten überbacken.

Dazu reicht man Salzkartoffeln.

Zeitaufwand: ca. 45 Minuten.

Soßen

Currysoße
Frischkäsesoße
Helle Soße
Senf-Sahne-Soße
Meerrettich-Apfel-Soße
Pfeffersoße
Tomaten-Quark-Soße

Currysoße

Zutaten:

4 EL Weizenvollkornmehl, ½ l Wasser, 1 säuerlicher Apfel, 20 g Margarine, 2–4 TL Curry, ½ TL Meersalz, evtl. ½ Becher süße Sahne und etwas Zitronensaft.

Zubereitung:

Den Apfel schälen, halbieren und grob reiben.

Das Weizenvollkornmehl mit dem Wasser sehr gut verrühren (eventuell im Schüttelbecher) und dann ca. 10 Minuten kochen.

Den geriebenen Apfel, Curry und Meersalz hinzufügen, abschmecken.

Mit etwas frisch ausgepreßtem Zitronensaft schmeckt die Soße besonders gut.

Je nach Geschmack mit süßer Sahne verfeinern.

Zeitaufwand: ca. 20 Minuten

Frischkäsesoße

Zutaten:

400 g Doppelrahm-Frischkäse, ½ l Milch, ⅛ l Schlagsahne, ca. 100 g Staudensellerie, 150 g Kürbiskerne (feingemahlen), Vollmeersalz, Schnittlauch.

Zubereitung:

Frischkäse mit Milch und Schlagsahne glattrühren.

Sellerie waschen und die Stangen quer in dünne Scheiben schneiden. Die gemahlenen Kürbiskerne und den Sellerie unter die Käsecreme ziehen.

Die Soße mit Salz würzen und Schnittlauchröllchen untermischen.

Dazu schmecken Pellkartoffeln.

Zeitaufwand: ca. 15 Minuten.

Helle Soße (Grundrezept)

Zutaten:

1 Zwiebel, 40 g Butter, ½ l Flüssigkeit (Wasser, Milch oder Sahne), 40 g Weizenvollkornmehl, Gewürze nach Wunsch.

Zubereitung:

Die Zwiebel schälen, schneiden und in der Butter glasigdünsten, dann die Flüssigkeit auffüllen.

Mehl einstreuen und die Soße unter ständigem Rühren aufkochen lassen. Mit Gewürzen nach Belieben abschmecken.

Zeitaufwand: ca. 10 Minuten.

Senf-Sahne-Soße

Zutaten:

4 EL Sahne, 2 bis 3 EL Senf, Saft einer halben Zitrone, Dill, Kräutersalz, Pfeffer und 1 TL Honig.

Zubereitung:

Alles miteinander verrühren und mit Milch oder Brühe abschmecken.

Zeitaufwand: ca. 10 Minuten.

Meerrettich-Apfel-Soße

Zutaten:

1 ca. 15 cm lange Meerrettich-Wurzel, 2 große säuerliche Äpfel, 1 EL Apfeldicksaft, schwarzer Pfeffer, ½ TL Kräutersalz, 4 EL Weizenkeimöl, 3 EL Sahnequark, 1 EL Apfelessig, 1 TL Zitronensaft.

Zubereitung:

Den Meerrettich schälen und reiben. Die Äpfel waschen, vierteln, Kerngehäuse entfernen. Die Äpfel kleinschneiden und mit allen übrigen Zutaten im Mixer pürieren.

Die Soße schmeckt gut zu Pellkartoffeln, Getreidebratlingen, aber auch zu gekochtem Rindfleisch.

Zeitaufwand: ca. 40 Minuten.

Pfeffersoße

Zutaten:

1 EL Butter, ½ TL Knoblauch (feingehackt), 1½ EL mittelscharfer Senf, 1 kleines Glas Weißwein, ¼ l Gemüsebrühe, 1 EL Cognac, 200 g Sahne, Kräutersalz, Pfeffer, 1½ EL grüner Pfeffer.

Zubereitung:

Die Butter hellbraun werden lassen, mit Knoblauch und Senf verrühren und mit Weißwein ablöschen.

Alles kurz aufkochen, Gemüsebrühe, Cognac und Sahne einrühren, 5 Min. leicht köcheln.

Die Soße mit Kräutersalz und Pfeffer abschmecken und den grünen Pfeffer hinzugeben. Dazu schmecken Grünkern-Hacksteaks oder Hirse-Steaklets.

Zeitaufwand: ca. 15 Minuten

Tomaten-Quark-Soße

Zutaten:

250 g Quark, 2 kleine Dosen Tomatenmark (je 70 g), frische Kräuter (z. B. Schnittlauch, Thymian, Basilikum, Maggikraut), 200 g saure Sahne, Salz, Pfeffer, etwas Zucker.

Zubereitung:

Quark mit Tomatenmark cremigrühren. Kräuter waschen und kleinschneiden (oder tiefgefrorene Kräuter verwenden) und unter den Quark mischen. Von der sauren Sahne so viel beifügen, daß eine dickliche Soße entsteht.

Die Soße serviert man zu Getreideaufläufen, Kartoffelgerichten und Getreidebratlingen. Im Sommer kann man das Tomatenmark zur Hälfte durch vollreife, gewürfelte oder pürierte Tomaten ersetzen.

Abwandlung: Man kann die saure Sahne weglassen und die Quarkcreme als Dip für rohen Kohlrabi, Weißkraut, Chicorée, Bleichsellerie, Gurken und Paprikaschoten verwenden. Die Quarkcreme schmeckt auch gut zu Vollkornbrot oder knusprigen Brötchen.

Zeitaufwand: ca. 10 Minuten.

Desserts

Dinkel und Obst

Zutaten:

100 g Dinkelkörner, 50 g Walnußkerne, 4 Apfelsinen, 2 Äpfel, 2 Bananen, 2 Kiwis, 3 EL Zitronensaft, 2 EL Ahornsirup (oder Honig).

Zubereitung:

Dinkel abspülen, mit ½ l Wasser mindestens 3 Stunden abgedeckt stehenlassen, anschließend 10 Minuten kochen und erkalten lassen.

In der Zwischenzeit das Obst vorbereiten.

Zitronensaft und Sirup bzw. Honig mit dem abgetropften Dinkel vermengen und mit dem geschnittenen Obst und den Walnüssen auf Desserttellern anrichten.

Zeitaufwand: 30 Minuten

Hafer-Nuß-Pudding

Zutaten:

100 g Vollweizen-Grieß, 1 l Milch, 1 Pr. Salz, 100 g Haferflocken, 100 g geriebene süße Mandeln, 70 g gehackte Haselnüsse, 150 g Honig, 3 Eier, 1 EL Butter, abgeriebene Schale einer halben Zitrone.

Zubereitung:

Grieß in die kochende Milch rühren, Salz dazugeben, 5 Minuten aufkochen lassen. Haferflocken zur Hälfte einrühren und weitere 5 Minuten mitkochen. Mandeln, Haselnüsse, Honig und Zitronenschale einrühren.

Vom Feuer nehmen und Eigelb unterrühren. Eiweiß steifschlagen und mit den restlichen Haferflocken unterziehen.

In eine gebutterte Form füllen, mit Butterflocken belegen. Mit Folie abdecken und bei 180 °C ca. 20 bis 30 Minuten backen.

Dazu schmeckt eine pürierte Fruchtsoße.

Zeitaufwand: 45 Minuten

Honigbananen mit Schokoladensahne

Zutaten:

3 bis 4 Bananen, Saft von je einer Zitrone und 1 Orange, 2 EL Honig, 1 EL in Rum getränkte Rosinen, 1 EL gehackte Walnüsse, 25 g Halbbitter-Schokolade, ¼ l Sahne.

Zubereitung:

Die Bananen schälen und in Scheiben schneiden. Den Zitronen- und Orangensaft mit dem Honig verrühren und über die Bananenscheiben geben. Gut durchschwenken und 30 Minuten kühlstellen.

Vor dem Servieren die Rosinen und Walnüsse hinzufügen und auf Tellern anrichten.

Die Schokolade raspeln und unter die halbsteif geschlagene Sahne ziehen. Jeweils einen Klecks Sahne auf das Dessert geben und sofort servieren.

Zeitaufwand: ca. 25 Minuten (ohne Kühlzeit).

Bananenschnee

Zutaten:

2 bis 4 Bananen (je nach Größe), ¼ l Sahne, 1 Eiweiß, eventuell etwas Sauerkirschsaft oder roter Traubensaft.

Zubereitung:

Die ausgereiften Bananen mit der Gabel zerdrücken und schaumigschlagen. Die Sahne und das Eiweiß steifschlagen und vorsichtig unterziehen.

Wenn vorhanden, etwas roten Obstsaft in Portionsgläser füllen und den Bananenschnee daraufgeben.

Nuß-Roulade

Zutaten:

5 Eier, 125 g Honig. 3 EL Wasser, 175 g Weizenvollkornmehl und 1 TL Backpulver.

Füllung: *½ l Sahne, 170 g Haselnüsse, 1 EL Rum und Honig.*

Zubereitung:

Eigelb und Honig mit heißem Wasser schaumigschlagen, Mehl, Backpulver und steifen Eischnee unterheben, bei 200 °C 12–15 Minuten backen.

Sahne schlagen und mit Honig nach Geschmack süßen, gemahlene Nüsse und etwas Rum unterheben. Gut gekühlt servieren.

Zeitaufwand: ca. 45 Minuten.

Schokoladencreme

Zutaten:

80 g Weizen, 1 EL Kakao, ¼ TL Zimt, ¼ l Wasser, 150 g Milch, 3 EL Honig, 60 g geriebene Haselnüsse, 2 TL abgeriebene Orangenschale, 2 EL Rum, 100 g Sahne, 1 EL gehackte Nüsse.

Zubereitung:

Weizen feinmahlen. Das Mehl, Kakao und Zimt mit dem Wasser anrühren. Unter Rühren zu einem dicken Brei kochen. Den Brei etwas abkühlen lassen. Milch, Honig, geriebene Nüsse, Orangenschale und Rum mit der Schokomasse verrühren. Die Sahne steifschlagen, unterziehen.

Die Creme in eine Schale füllen und mit Nüssen und Sahne verzieren.

Zeitaufwand: 30 Minuten

Weizenschrotbrei mit Äpfeln

Zutaten:

1¼ l Milch, 150 g grobes Weizenschrot, 1 Prise Salz, geriebene Zitronenschale, 100 g Feigen, 500 g geriebene Äpfel, 50 g geriebene Nüsse, 75 g Honig, Zitronensaft.

Zubereitung:

Das Weizenschrot in die kochende Milch rühren. Salz, geriebene Zitronenschale und Feigen hinzugeben, 20 Minuten ausquellen lassen.

Die geriebenen Äpfel und Nüsse unterheben, mit Honig und Zitronensaft abschmecken.

Zeitaufwand: 35 Minuten.

Indianisches Maisdessert

Zutaten:

700 g säuerliche Äpfel, Ahornsirup, 125 g Maisgrieß, ½ TL Salz, 60 g Butter, 4 EL Honig, ½ l geschlagene Dickmilch (evtl. Magerquark), Butter für die Form.

Zubereitung:

Äpfel waschen, vierteln, in dünne Scheiben schneiden, Auflaufform mit Butter ausstreichen, Apfelscheiben hineinfüllen. Mit Ahornsirup beträufeln.

Maisgrieß und Salz in einer Schüssel mischen. Butter schmelzen, Honig zugeben.

Die Hälfte mit Dickmilch verrühren. Mischung auf den Maisgrieß geben, verrühren. Auf die Apfelscheiben verteilen.

Zitrone über die restliche Butter-Honig-Masse rühren. Auflauf damit beträufeln. Im vorgeheizten Backofen bei 180 °C ¾ bis 1 Stunde backen. Heiß servieren.

Zeitaufwand: 20 Minuten.

Zitronencreme mit Weizen

Zutaten:

90 g Vollweizen,
½ l Wasser,
100 g Honig,
8 EL Zitronensaft,
¼ l Sahne,
Zitronenmelisse-Blätter.

Zubereitung:

Den Weizen feinmahlen und in dem Wasser unter Rühren 2 Minuten kochen, dann erkalten lassen.

Den Honig und den Zitronensaft unterrühren; kaltstellen.

Kurz vor dem Servieren die Sahne steifschlagen und unterheben, aber etwas zum Garnieren zurückbehalten.

Die Creme in Schälchen füllen, mit dem Sahnespritzbeutel verzieren und als Blickfang mit Zitronenmelisse-Blättern garnieren. Die Creme ist sehr sättigend, daher als Nachtisch nach einer leichten Hauptspeise geeignet.

Zeitaufwand: 15 Minuten (ohne Wartezeit).

Teigwaren, Pfannkuchen, Pizzas

Buchweizen-Pfannkuchen
Erbsenpfannkuchen mit Curry-Zwiebeln
Hefe-Plinsen
Reispfannkuchen mit Apfelmus
Soja-Hafer-Omelette
Spaghetti Bolognese mit Tofu
Pizza aus Vollkornmehl mit Gemüse
Spinatpfannkuchen Pisa
Vollkorn-Dampfnudeln
Weizenvollkornpizza

Buchweizen-Pfannkuchen

Zutaten:

⅛ l Milch,
⅛ l Buttermilch,
⅛ l kalter Kaffee,
6 Eier, 250 g Buchweizenmehl,
1 TL Salz und Fett zum Braten.

Zubereitung:

Die Eier mit der Milch, Buttermilch und dem Kaffee verschlagen, mit dem Mehl mischen und mit Salz würzen.

Fett in der Pfanne erhitzen, den Teig mit einer Kelle einlaufen lassen. Die Pfannkuchen von beiden Seiten schön anbraten.

Man kann Kronsbeeren oder Grünen Salat dazu essen.

Zeitaufwand: Der Teig muß ca. 3 Stunden quellen.

Erbsenpfannkuchen mit Curry-Zwiebeln

Zutaten:

200 g geschälte gelbe Erbsen, 100 g Vollreis, ⅝ l Kefir, Vollmeersalz, 500 g Zwiebeln, 50 g Butter, 7 EL Öl, 2 Knoblauchzehen (gepreßt), 1 Messerspitze Kümmel, 1 EL Curry, ⅛ l Gemüsebrühe, 300 g junge Tiefkühlerbsen und 40 g Sesam.

Zubereitung:

Erbsen und Reis über Nacht in reichlich Wasser einweichen, abgießen, mit ⅜ l Kefir und Salz im Mixer feinpürieren.

10 g Butter und 1 EL Öl in der Pfanne erhitzen und 3 bis 4 Pfannküchlein aus dem Erbsenpüree von jeder Seite 5 Minuten backen – das ergibt ca. 15–20 Stück.

Die Zwiebeln schälen, in Scheiben schneiden und in 10 g Butter und 3 EL Öl glasigdünsten. Mit Salz, 1 Knoblauchzehe und Kümmel würzen, mit Curry bestäuben, Gemüsebrühe hinzufügen und 15 Minuten zugedeckt garen.

Tiefkühlerbsen auf die Zwiebeln geben und 10 weitere Minuten garen.

Den restlichen Kefir mit Knoblauch würzen und zu Pfannkuchen mit Zwiebeln reichen.

Zeitaufwand: ca. 60 Minuten.

Hefe-Plinsen

Zutaten:

500 g Mehl, 50 g Hefe, ½ l lauwarme Milch, 4 Eier, 100 g Zucker, 1 Prise Salz.

Zubereitung:

Hefeteig herstellen. Eier vor dem Rühren nicht mit Hefe zusammenkommen lassen.

20 Minuten bei 50 °C gehen lassen, in Öl kleine Plinsen braten.

Mit Zimt und Zucker bestreuen.

Zeitaufwand: ca. 35 Minuten.

Reispfannkuchen mit Apfelmus

Zutaten:
(pro Person)
50 g Vollkornreis, 1 EL Erbsen, 1 EL Mais, 1 EL Blumenkohlröschen, 1 EL Möhren, Gewürzmischung, 1 Ei, etwas Vollkornmehl.

Zubereitung:
Den Reis in reichlich leicht gesalzenem Wasser fast garen, das rohe oder gefrorene Gemüse hinzugeben und fertig ausgaren.

Den Gemüsereis abkühlen lassen. Das Ei und etwas Mehl zum Binden hinzugeben, anschließend würzen.

Mit angefeuchteten Händen kleine Plätzchen formen und in der Pfanne backen.

Dazu schmeckt Apfelmus.

Zeitaufwand: ca. 1 Stunde.

Soja-Hafer-Omelette

Zutaten:
(für ca. 8 Portionen)
125 g sehr feine Haferflocken (Instant- oder Schmelzflocken), 75 g Vollsojamehl, ½ TL Meersalz, 3 Eier, ½ l Milch, Öl zum Braten.

Zubereitung:
Haferflocken mit dem Sojamehl und dem Salz in einer Schüssel mischen. Die Milch dazugießen, die Eier hinzugeben und alles mit einem Schneebesen zu einem flüssigen Pfannkuchenteig verrühren. Den Teig mindestens 15 Minuten quellen lassen.

Öl in der Pfanne erhitzen und aus dem Teig nacheinander bei mittlerer Hitze 8 bis 9 dünne, goldbraune Pfannkuchen von jeder Seite 2 bis 3 Min. backen.

Dazu paßt Möhrensalat.

Zeitaufwand: 40 Minuten.

Spaghetti Bolognese mit Tofu

Zutaten:
250 g Tofu, 2 EL Öl, 3 Knoblauchzehen, 2 mittelgroße Zwiebeln, 4 bis 5 EL Tomatenmark, 6 Tomaten, 1 TL Honig, Salz, Pfeffer, Oregano, Basilikum, Sojasauce, Gemüsebrühe, 500 g Vollkorn-Spaghetti.

Zubereitung:
In einer Pfanne die Zwiebeln in Öl anbraten, grob zerstoßenes Tofu dazugeben und mit der Sojasoße würzen. Tomaten zerkleinern und ebenfalls in die Pfanne geben.

Auf kleiner Flamme 15 bis 20 Minuten schmoren lassen, dann Tomatenmark, Gewürze und ¼ bis ⅜ l Gemüsebrühe (1 TL auf ¼ l Wasser) dazugeben und noch ca. 5 Minuten durchziehen lassen.

Dazu Vollkornspaghetti kochen.

Zeitaufwand: 1 Stunde.

Pizza aus Vollkornmehl mit Gemüse

Zutaten:

250 g Weizen, 100 g Roggen, 30 g Hefe, 1 knapper TL Salz, 20 g Buttermilch, 4 EL Olivenöl.

Belag: *1 Zwiebel, 1 Stange Lauch, 2 kleine Zucchini, je eine rote und eine grüne Paprika, 1 EL Öl, 1 kleingehackte Knoblauchzehe, Salz und Pfeffer, 125 g frische Champignons, 1 EL Butter, 500 g Tomaten, 100 g Morzarella, 1½ EL Sesam, Petersilie, Oregano, getrockneter Basilikum, Thymian.*

Zubereitung-Teig:

Weizen und Roggen feinmahlen. Das Mehl in eine Schüssel geben, und in die Mitte eine Vertiefung drücken. Hefe, Buttermilch und Salz auflösen, zum Mehl geben und verrühren. Olivenöl zugeben. Mit dem Knethaken solange kneten, bis sich der Teig von der Schüssel löst. 40 bis 60 Minuten an einem warmen Ort gehenlassen.

-Belag: Zwiebel, Zucchini, Paprika kleinschneiden, in Öl andünsten, Knoblauchzehe dazugeben. Kurz garen, mit Salz und Pfeffer abschmecken. Champignons zerkleinern, in Butter andünsten, mit Salz und Pfeffer würzen. Tomaten und Morzarella in Scheiben schneiden, salzen, pfeffern.

Backblech mit etwas Butter einfetten, mit Sesam bestreuen. Den Teig kräftig durchkneten und auf dem Blech dünn ausrollen. Den Pizzaboden mit Morzarella und Tomaten belegen, das Gemüse und die Pilze daraufgeben, mit 1 EL Kräuter bestreuen, 150 g Emmentaler verteilen, etwas Öl darüberträufeln.

Bei 200 °C ca. 30 bis 40 Minuten backen.

Spinatpfannkuchen Pisa

Zutaten:

Für die Pfannkuchen (ca. 10 Stück): 250 g Weizenvollkornmehl, 2 EL Buchweizenmehl, 3 bis 4 Eier, ½ l Milch, ¼ l Wasser, 1 TL Salz, Fett zum Ausbacken.

Für die Spinatmasse: 500 g Spinat (frisch oder TK), 1 große Zwiebel, ½ Tasse Wasser, 40 g Weizenvollkornmehl, ¼ l Spinatbrühe,

Zubereitung:

Zutaten für die Vollkornpfannkuchen gut verrühren und ca. 30 Minuten quellen lassen. Die Menge ergibt beim Ausbacken ca. 10 Pfannkuchen, wobei man den Teig immer erneut umrühren muß, da sich das Mehl leicht absetzt.

Spinat kurz waschen und mit Wasser und Zwiebeln andünsten, bis er zusammenfällt. Den Spinat pürieren, mit dem angerührten Vollkornmehl vermengen und aufkochen lassen. Mit Thymian, Ingwer, Salz abschmecken und die gewaschenen Rosinen untermengen.

Auf eine runde Platte einen Pfannkuchen legen, 2 EL Spinat darauf verstreichen, mit weiteren Pfannkuchen belegen und wiederholen.

1 Messerspitze Thymian, 1 Messerspitze Ingwer, 2 Messerspitzen Salz, 100 g Rosinen, 200 g Gouda, 2 Tomaten, Schnittlauch oder Petersilie.

Nun die Käseraspeln obenauflegen und im vorgeheizten Ofen bei 200 °C ca. 15 bis 20 Minuten backen. Wie einen Kuchen aufschneiden und mit Tomatenscheiben und Kräutern garnieren.

Zeitaufwand: ca. 90 Minuten.

Vollkorn-Dampfnudeln

Zutaten für den Teig:

200 g Milch, 30 g Hefe, 50 g Butter, 60 g Honig, 1 Ei, evtl. 1 Pr. Zimt, 550 g feingemahlener Weizen; für den Guß: 1/4 l Milch, 40 g Butter, 50 g Honig.

Zubereitung:

Alle Zutaten für den Teig in eine Rührschüssel geben und kräftig durchkneten. Der Teig darf nicht mehr kleben; ihn anschließend an einen warmen Ort stellen und solange gehen lassen, bis die doppelte Menge erreicht ist.

Alles nochmals kräftig durchkneten und kleine Kugeln formen. Die Kugeln in eine gefettete Auflaufform setzen und nochmals gehen lassen.

Die Butter und den Honig schmelzen, mit Milch auffüllen und über die Kugeln gießen. Bei 200 °C ca. 40 Minuten backen, bis die Dampfnudeln hellbraun aussehen.

Zeitaufwand: 25 Minuten (ohne Geh-Zeit).

Zu den Dampfnudeln passen sehr gut Fruchtsoßen, Vanillesaucen oder Weinschaumsaucen. Sind die Dampfnudeln kalt, kann man sie mit Butter belegen.

Fruchtsoße: 400 g Früchte oder Beeren mit etwas Zitronensaft und Honig nach Geschmack pürieren.

Zeitaufwand: 10 Minuten.

Weizenvollkornpizza

Zutaten:

200 g Mehl (Typ 1050), 175 g Weizenvollkornmehl (Typ 1700), 20 g Hefe, 1/4 l warmes Wasser, 4 EL Öl, 1 TL Salz. Belag: 500 g Tomaten, 350 g Käse, 200 g Salami, 1 EL Öl, 2 gestr. TL Oregano, Salz, schwarzen Pfeffer.

Zubereitung:

Hefeteig bereiten und alles auf ein gefettetes Backblech geben, 20 Minuten gehen lassen.

Zutaten für den Belag in Würfel schneiden. Den Teig mit Öl bestreichen, den Belag darübergeben, mit den Gewürzen pikant würzen.

Bei 240 °C 25 Minuten im vorgeheizten Ofen backen.

Zeitaufwand: ca. 1½ Stunden.

Kuchen

Buchweizentorte „Sarazenen-Art“
Dattelkuchen
Apfelkuchen mit Sahne
Apfelkuchen mit Sonnenblumen-Kernen
Aprikosen-Quark-Kuchen
Aprikosenkuchen auf dem Blech
Biskuitrolle mit Nußfüllung
Gebackener Käsekuchen
Hirse-Birnen-Kuchen
Kakaotorte
Honig-Mandeltorte
Kirschkuchen mit Guß
Mohntorte
Kartoffeltorte
Linzer Torte
Schwarzbrot-Torte
Krümeltorte
Nußkuchen
Prager Apfeltorte
Quarkstollen
Zwiebelkuchen
Vollkornzwieback-Torte
Gemüsekuchen

Buchweizentorte „Sarazenen-Art"

Zutaten:

50 g gehackte Haselnußkerne, 50 g Datteln oder Feigen, 4 Eigelb, 100 g brauner Zucker, abgeriebene Schale von ½ Zitrone, 4 Eiweiß, 120 g Buchweizenmehl, 3 EL kaltes Mineralwasser.

Für die Füllung: 1 Glas Brombeer- oder Preiselbeermarmelade, 3 EL Brombeerlikör (oder Rum), 500 g Quark, 1 bis 2 EL Zitronensaft und 100 g Zucker.

Zubereitung:

Die Nüsse hellgelb anrösten und wieder abkühlen lassen. Datteln in kleine Würfel schneiden. Eigelb mit Zucker und Zitronenschale schaumigrühren. Das zu Schnee geschlagene Eiweiß mit Mehl, Mineralwasser, Nüssen und Datteln unter die Eigelbmasse ziehen.

Den Boden einer Springform (∅ 24 cm) mit Backpapier auslegen und den Teig in die Form geben. Bei 190 °C bis 200 °C 25 bis 30 Minuten backen.

Nach dem Backen abkühlen lassen, anschließend den Kuchen auf ein Gitter setzen und das Papier entfernen.

Für die Füllung die Konfitüre mit Brombeerlikör verrühren. Den Quark mit Zitronensaft und Zucker gut vermischen. Den Kuchen einmal durchschneiden, die Hälfte mit der Konfitüre bestreichen, die Quarkmasse daraufgeben und glattstreichen. Die obere Kuchenhälfte darauflegen.

Tip: Nach Belieben zu dieser Torte Schlagsahne reichen oder die Torte gleichmäßig mit Sahne bestreichen und mit Brombeeren verzieren.

Zeitaufwand: 70 Minuten (ohne Backzeit).

Dattelkuchen

Zutaten:

350 g Datteln, 150 g Weizenvollkornmehl, ¼ TL Salz, 250 g weiche Butter, 250 g braunen Zucker, 1 TL Vanillemark, 350 g mittelfein geschroteter Hafer, Fett für die Form.

Zubereitung:

Die Datteln entkernen, kleinschneiden und in ⅛ l Wasser weichkochen; öfter umrühren und im offenen Topf abkühlen lassen.

Das Mehl mit dem Salz mischen, Fett schaumigrühren, Zucker und Vanillemark nach und nach dazugeben. Dann Mehl und Haferschrot untermischen und verkneten.

Gut die Hälfte des krümeligen Teiges auf den Boden einer gefetteten Springform geben (20 cm ∅), am Boden und Rand hoch fest andrücken. Die Dattelfüllung darauf verteilen und den restlichen Teig darüberkrümeln.

Im vorgeheizten Backofen (E-Herd 170 °C; Gasherd Stufe 1–2) ca. 70 bis 80 Minuten backen. Die Menge ergibt ca. 12 Stückchen.

Zeitaufwand: 35 Minuten (ohne Backzeit).

Apfelkuchen mit Sahne

Zutaten:

Teig: 350 g Weizen, 2 TL Backpulver, 100 g Vollkornschrot, Honig, 1 Prise Salz, ½ TL gemahlene Vanille, 1 Ei, 2 EL Milch und 125 g kalte Butter.

Belag: 400 g Boskop-Äpfel, 5 EL Korinthen, 3 EL Rum, 1 EL Ahornsirup und 1 EL Zimt.

Zubereitung:

Eine Springform einfetten. Aus den genannten Zutaten einen Teig bereiten, 10 Minuten kaltstellen. Dann ⅔ des Teiges in der Springform auslegen und bei 200 °C ca. 10 Minuten vorbacken. Die geschälten Äpfel achteln und mit Zitronensaft beträufeln.

2 EL Butter im Kochtopf schmelzen, Äpfel, Ahornsirup, Zimt, Korinthen und Rum 3 Min. vorsichtig unter Rühren dünsten. 5 Min. abkühlen lassen, dann auf den vorgebackenen Boden verteilen.

Von dem Drittel des Teiges eine Platte ausrollen und über die Apfelmasse legen. Auf der mittleren Schiene im Backofen 25 Minuten bei 200 °C weiterbacken.

Den erkalteten Kuchen mit Puderzucker bestreuen und mit Schlagsahne servieren.

Zeitaufwand: ca. 1 Stunde.

Apfelkuchen mit Sonnenblumenkernen

Zutaten:

175 g Butter, 125 g Zucker, 3 Eier, 1 Pr. Salz, 250 g frisch gemahlenes Weizenvollkornmehl, ½ P. Backin.

Zubereitung:

Die Zutaten zu einem Rührteig verarbeiten und in eine gefettete 28-cm-Springform geben.

Belag: 750 g Äpfel schälen, in Scheiben schneiden und auf den Teig verteilen.

80 g Honig, 20 g Butter, 100 g Sonnenblumenkerne 3 bis 5 Minuten in der Mikrowelle bei 600 Watt erwärmen oder im Topf zu einer dickflüssigen Masse verrühren. Die Masse über die Äpfel geben.

40 Minuten bei 200 °C backen.

Zeitaufwand: 1 Stunde.

Aprikosen-Quark-Kuchen

Zutaten für den Teig:

1 Ei, 80 g Honig, 125 g Butter, 1 Prise Meersalz, abgeriebene Schale einer halben, unbehandelten Zitrone, ½ TL Backpulver,

Zubereitung:

Das Ei mit dem Honig und der Butter schaumigrühren. Das Salz, die abgeriebene Zitronenschale und das Backpulver hinzufügen. Den Weizen feinmahlen und zusammen mit den übrigen Zutaten zu einem Mürbeteig kneten.

Für die Füllung die Eigelbe mit dem Honig und Quark schaumigrühren. Den frischgemahlenen

250 g Weizen; für die Füllung 2 Eier, 3 EL Honig, 250 g Quark, 1 EL Weizen, 100 g süße Mandeln, 600 g Aprikosen.

Weizen und die gemahlenen süße Mandeln unterrühren. Zum Schluß das steifgeschlagene Eiweiß unterheben.

Eine gefettete Springform mit dem Teig auslegen, dabei einen 1 cm hohen Rand formen. Die Quarkmasse darauf verteilen und glattstreichen. Die Aprikosen halbieren, entkernen und darauf verteilen.

Auf unterster Schiene bei 200 °C ca. 55 Minuten backen (den Backofen nicht vorheizen).

Zeitaufwand: 90 Minuten.

Aprikosenkuchen auf dem Blech

Zutaten:

250 g Butter, 200 g Zucker, 1 P. Vanillezucker, Zitronenschale, 6 Eier, 400 g feingemahlenes Vollkornweizenmehl, 100 g Speisestärke, 200 g gemahlene süße Mandeln, 1 P. Backpulver, 2 Dosen abgetropfte Aprikosen.

Zubereitung:

Aus Butter, Zucker, Eiern, Mehl und übrigen Zutaten einen Rührteig herstellen. Den Teig auf ein mit Backpapier ausgelegtes oder gefettetes und bemehltes Blech verteilen, mit Aprikosen oder anderem Obst belegen. Bei 180 bis 200 °C (Gas Stufe 3) auf mittlerer Schiene 40 Minuten backen.

Zeitaufwand: 70 Minuten.

Biskuitrolle mit Nußfüllung

Zutaten für den Biskuit:

4 Eier, 3 EL Honig, 3 EL Wasser, 175 bis 200 g Weizenvollkornmehl (sehr fein gemahlen), 1 gestr. TL Backpulver; für die Füllung: 175 g geröstete Haselnüsse, ¼ bis ½ l Sahne, 1–2 EL Honig (nach Geschmack), eventuell etwas Rum, etwas Vanillemark.

Zubereitung:

Die ganzen Eier, Wasser und Honig sehr schaumigschlagen, Mehl mit Backpulver vermischt mit einem Schneebesen unterziehen. Die Masse wird gleichmäßig auf ein mit Backtrennpapier ausgelegtes Blech gestrichen. Backzeit bei 200 °C ca. 15 Minuten.

Nach dem Backen sofort auf ein Handtuch stürzen und das Blech solange darauf liegenlassen, bis es erkaltet ist.

Die Nüsse ca. 15 Minuten rösten und mahlen. Die Sahne schlagen, süßen, Nüsse, Rum und Vanillemark unterziehen und auf den Boden streichen, mit dem Handtuch gleichmäßig aufrollen.

Eventuell etwas Sahne zurücklassen und von außen bestreichen.

Zeitaufwand: ca. 30 Minuten.

Gebackener Käsekuchen

Zutaten für den Teig:
250 g Weizenvollkornmehl, 2–3 EL Honig, 150 g Butter, 1 Ei, abgeriebene Zitronenschale; für die Füllung: 3 Eigelb, 200 g Honig, abgeriebene Schale einer Zitrone, Bourbon-Vanille, 750 g Magerquark, 3 Eiweiß.

Zubereitung:
Aus Weizenvollkornmehl, Honig, Butter, der abgeriebenen Zitronenschale und einem Ei einen Mürbeteig herstellen. Eine gefettete Springform damit auslegen.

Füllung: Eigelb mit Honig cremigschlagen, mit abgeriebener Zitronenschale und Bourbon-Vanille würzen; 750 g Magerquark unterrühren. Eiweiß zu Schnee schlagen und vorsichtig unter die Masse heben, anschließend auf den Mürbeteig geben und bei 180 bis 200 °C eine knappe Stunde backen.

Variation: Den Mürbeteig mit Obststückchen (Kirschen, Kiwi, Banane, Orange etc.) belegen, bevor die Quarkmasse eingefüllt wird.

Zeitaufwand: ca. 30 Minuten (ohne Backzeit).

Hirse-Birnen-Kuchen

Zutaten:
250 g Butter, 250 g Honig, 4 Eier, 200 g feingemahlene Hirse, 100 g Weizenvollkornmehl, 1 P. Backpulver, ½ Tasse Milch, 75 g Kakao, 150 g gehackte Haselnüsse, 500 g Birnen.

Zubereitung:
Butter, Honig und Eier schaumigrühren. Hirse, Weizenvollkornmehl, Backpulver, Kakao, Nüsse und Milch nach und nach unterrühren. Zuletzt die in Stücke geschnittenen Birnen unterheben.

Den Teig in eine gefettete, mit Semmelbröseln ausgestreute Gugelhupfform geben. Bei 180 °C ca. 60 bis 75 Minuten backen, die letzten 15 Minuten mit Alufolie abdecken.

Zeitaufwand: ca. 30 Minuten.

Kakaotorte

Zutaten:
200 g Weizenvollkornmehl, 200 g Butter, 150 g Honig, 20 g Kakao, 4 Eier, ½ geriebene Vanilleschote, Aprikosenmarmelade, gehobelte süße Mandeln.

Zubereitung:
Butter bis zur Rührfähigkeit erwärmen und mit Honig, Kakao und geriebener Vanilleschote stark schaumigrühren. Nach und nach vier Eidotter einrühren. Eiweiß zu festem Schnee schlagen und unter die Masse heben. Mehl vorsichtig untermischen.

Den Teig in eine Springform füllen und bei 180 °C backen. Nach dem Auskühlen in der Mitte durchschneiden und mit Aprikosenmarmelade bestreichen, von außen ebenfalls mit Marmelade bestreichen und mit gerösteten gehobelten Süßmandeln bestreuen.

Zeitaufwand: ca. 50 Minuten.

Honig-Mandeltorte

Zutaten (für Springform, 24 cm ∅):
120 g Rosinen, 100 g weiche Butter, 2 EL Rohzucker, 3 Eier, 2 EL Honig, 200 g frisch gemahlenes Weizenvollkornmehl, 1 geh. TL Backpulver, 1 Prise Salz, 50 g gemahlene süße Mandeln; 100 g Butter, 100 g Rohzucker, 80 g Honig, 2 EL Sahne, 200 g gehackte süße Mandeln, ¼ TL gemahlener Zimt.

Zubereitung:
Rosinen waschen; Butter schaumigschlagen und die Eier hinzugeben. Den Honig mit zwei Eßlöffeln lauwarmem Wasser verrühren und mit Mehl, Backpulver, Salz und gemahlenen Mandeln verarbeiten. Die Rosinen unterheben. Den Kuchen im vorgeheizten Backofen auf der zweiten Schiene 25 bis 30 Minuten backen.

Inzwischen Butter zerlassen, Zucker, Honig, Sahne, Mandeln und Zimt verrühren und aufkochen. Den Kuchen damit bestreichen und weitere 15 bis 20 Minuten backen.

Kirschkuchen mit Guß

Zutaten:
120 g Margarine, 160 g Honig, 3 Eigelb, 1 TL Zimt, 220 g Weizen, 1 TL Backpulver, 500 g Sauerkirschen.

Für den Guß: *125 g Quark, 50 g Butter, 100 g Honig, 1 Eigelb, 1 abgeriebene Zitronenschale, 60 g Weizen, 80 g geschälte, grobgehackte süße Mandeln, 4 Eiweiß.*

Zubereitung:
Margarine, Honig, Eigelb und Zimt schaumigrühren, Weizen mehlfein mahlen und mit dem Backpulver unterrühren. Den Teig in eine gefettete Springform (26 cm) füllen und mit den entsteinten Kirschen belegen.

Bei 200 °C auf unterer Schiebeleiste ca. 30 bis 40 Minuten backen, im Umluftofen bei 175 °C.

Inzwischen für den Guß Butter, Quark, Honig, Eigelb und Zitronenschale cremigrühren. Weizenmehl feinmahlen und mit den Mandeln unter die Quarkcreme rühren. Zum Schluß Eischnee unterheben.

Den Guß auf dem vorgebackenen Kuchen verteilen und weitere 30 Minuten backen.

Zeitaufwand: 60 bis 70 Minuten

Mohntorte

Zutaten:
250 g Butter, 250 g Honig, 250 g gequetschten Mohn, 150 g gemahlene Haselnüsse, 7 Eier, Rum, Zimt, Vanille.

Zubereitung:
Fett schaumigrühren, Honig und Eigelb langsam hinzufügen, dann die Gewürze. Abwechselnd Mohn, Haselnüsse und Eischnee unterheben. Springform mit Alufolie auslegen und einfetten.

Backzeit bei 160 °C ca. 30 Minuten und weitere 30 Minuten bei 180 °C.

Kartoffeltorte

Zutaten:

300 g Kartoffeln, 80 g ungeschwefelte Rosinen, 3 EL Rum, 50 g getrocknete Bananen, 6 Eier, 125 g Honig, 1 unbehandelte Orange, 150 g gemahlene süße Mandeln, 60 g Buchweizen feingemahlen, 1 TL Backpulver, 1 Pr. Salz, 150 g Honigschokolade.

Zubereitung:

Kartoffeln in der Schale weichkochen (leicht salzen), über Nacht auskühlen lassen und feinreiben. Rosinen heiß waschen, mit einem Tuch trockenreiben, in Rum ziehen lassen. Bananen feinwürfeln.

Eigelb, Honig, den Saft und die Schale der Orange schaumigrühren. Süßmandeln, Buchweizen und Backpulver mischen, auf die Eigelbmasse geben und die Kartoffeln darüber verteilen. Eiweiß sehr steifschlagen und alle Zutaten locker, aber gründlich unterheben. Danach die Rosinen mit Rum und die Bananen darunterheben.

Teig in eingefettete Springform füllen und bei 180 °C ca. 50 bis 60 Minuten backen. Anschließend mit Honigschokolade überziehen.

Zeitaufwand: ca. 1 Stunde.

Linzer Torte

Zutaten:

200 g Butter, 150 g Honig, 250 g Weizenvollkornmehl, 200 g gemahlene süße Mandeln, 1 Ei, ½ TL Zimt, 1 Msp. Nelken, 2 EL Kakao, ¾ Glas Pflaumenmus.

Zubereitung:

Einen Mürbeteig herstellen; den Teig ½ Stunde kaltstellen und ⅔ des Teiges in eine gefettete Springform füllen; einen 1 cm hohen Rand formen.

Den Teigboden mit Pflaumenmus bestreichen. Den restlichen Teig ausrollen, mit einem Teigrädchen in Streifen schneiden und gitterartig über das Pflaumenmus legen.

Bei 175 °C ca. 35 Minuten backen.

Schwarzbrot-Torte

Zutaten:

4 Eier, 160 g Zucker, 80 g geriebene süße Mandeln, ½ TL Zimt, 100 g geröstetes, geriebenes Schwarzbrot und ½ l Sahne.

Zubereitung:

Eier und Zucker im Wasserbad sehr schaumigschlagen. Mandeln, Zimt und Schwarzbrot mischen und unterheben. ½ Stunde bei 180 °C backen und mit Schlagsahne füllen.

Tip: Schwarzbrot kann man gut auf Vorrat rösten, reiben und in einem geschlossenen Glas aufbewahren.

Zeitaufwand: 30 Minuten (ohne Backen).

Krümeltorte

Zutaten:

150 g Weizenmehl Type 1050, 150 g Weizenvollkornmehl, 150 g brauner Zucker, 3 gestr. TL Backpulver, 1 Ei, 100 g Butter; für die Füllung: 750 g Äpfel (am besten Boskop), Kirschen o. ä.; zum Bestreuen Zimt, Grümmel-Kandis.

Zubereitung:

Mehl mit Backpulver auf ein Backbrett sieben und eine Vertiefung in die Mitte drücken. Das Ei hineingeben, den Zucker darüberstreuen, die Butter in Flöckchen darauf verteilen und alles miteinander verkneten, bis sich Krümel bilden.

Die Hälfte des Teiges auf den ungefetteten Boden einer Springform (24 cm) geben. Die Äpfel schälen, vom Kerngehäuse befreien, in dünne Scheiben schneiden und auf die Krümel verteilen. Die Äpfel dann mit dem restlichen Krümelteig belegen.

Im E-Herd bei 190 °C ca. 40 Minuten, bei Heißluft ca. 40 Minuten auf 170 °C und bei Gas auf Stufe 3 ca. 40 Minuten backen.

Nach dem Backen etwas abkühlen lassen, dann mit Zimt und Grümmel bestreuen.

Nußkuchen

Zutaten:

200 g gemahlene Nüsse, 200 g Haferflocken mit Keim, gemahlen, ¼ l Vollmilch, 5 Eier, 200 g Butter, 200 g Zucker, 1 P. Backpulver.

Zubereitung:

Eier, Zucker und Butter 5 Minuten schaumigrühren, dann die gemahlenen Nüsse, Haferflocken und Backpulver unterrühren.

Bei 175 °C ca. 60 bis 70 Minuten backen.

Zeitaufwand: 80 Minuten.

Prager Apfeltorte

Zutaten für den Teig:

100 g Butter, 100 g Honig, 2 Eier, 150 g Weizenvollkornmehl, 1 Msp. Vanille, 1 TL Backpulver; für den Belag: 500 g Äpfel, Saft einer halben Zitrone, 30 g Butter, 50 g Honig, 75 g Walnußkerne (oder süße Mandeln), 2 EL Milch, 1 Msp. Zimt.

Zubereitung:

Aus Butter, Honig und Eiern eine Schaummasse rühren, das Mehl und die restlichen Zutaten unterrühren. Den Teig in eine gefettete Springform streichen. Die Äpfel schälen und kleinschneiden, den Zitronensaft darüberträufeln und über den Teig verteilen.

Butter, Honig, grob gehackte Walnußkerne und Milch kurz aufkochen, danach mit Zimt würzen und abkühlen lassen, über die Äpfel verteilen.

Backzeit etwa 45 Minuten bei 175 °C auf der untersten Schiene. Mit geschlagener Sahne servieren.

Zeitaufwand: ca. 30 Minuten.

Quarkstollen

Zutaten:

500 g Weizenvollkornmehl, 1 P. Backpulver, 100 g Honig, 175 g kalte Butter, 250 g Magerquark, 2 Eier, 250 g Sultaninen, 125 g Korinthen, 100 g gemahlene süße Mandeln, 50 g gehackte süße Mandeln, 100 g Zitronat, 1 Fl. Rum-Aroma, 4 Tropfen Bittermandelöl, 1 Msp. Kardamom, 1 Msp. Muskatblüte; zum Bestreichen: 50 g flüssige Butter, 100 g Honig.

Zubereitung:

Mehl mit Backpulver mischen, auf ein Backblech geben und in die Mitte eine Mulde drücken.

Alle Zutaten (die kalte Butter in Flöckchen, Zitronat feingewürfelt) in die Mulde geben. Mit den Händen schnell zu einem Teig verarbeiten.

Einen Stollen formen und auf ein mit Backpapier ausgelegtes Backblech geben. Mit einem Streifen Alufolie umlegen.

Bei 200 °C ca. 60 Minuten im vorgeheizten Backofen backen.

Den noch heißen Stollen mit der Honig-Butter-Masse bestreichen.

Zwiebelkuchen (für 1 Backblech)

Zutaten:

1,25 kg Zwiebeln, 40 g Butterschmalz, 200 g Crème fraîche, 1/8 l Schlagsahne, 6 Eier (Gewichtsklasse 2), Vollmeersalz, Pfeffer, 1 bis 2 TL Kümmel, 250 g Roggenvollkornschrot, 250 g Weizenmehl (Type 1050), 40 g Hefe, 1 TL Honig, 1/8 l Öl (kaltgepreßt).

Zubereitung:

Die Zwiebeln schälen, längs halbieren und quer in halbe Ringe schneiden. In Butterschmalz 10 Minuten dünsten, abkühlen lassen. Crème fraîche, Sahne und Eier verquirlen, mit den Zwiebeln mischen und mit Salz, Pfeffer und Kümmel herzhaft würzen.

Schrot und Mehl mischen, in die Mitte eine Vertiefung drücken, Hefe zerbröckeln und mit dem Honig in 1/4 l lauwarmem Wasser auflösen. Die Hefemischung in die Mulde gießen, etwas Mehl darüberstreuen, Öl und 2 TL Salz an den Mehlrand geben.

Alles zu einem glatten Teig verkneten und in eine Schüssel legen. Den Teig zugedeckt 20 Minuten gehen lassen. Dann zusammenkneten und ausrollen, eine ausgefettete Bratpfanne vom Backofen damit auslegen, den Rand hochdrücken. Die Zwiebelmischung hineingießen und glattstreichen. Bei 200 °C ca. 35 Minuten backen.

Zeitaufwand: 45 Minuten.

Vollkornzwieback-Torte

Zutaten:

100 g Butter, 150 g Honig, 5 Eigelb, 125 g Vollkornzwieback, ½ Päckchen Backpulver, 2 EL Joghurt, 1 EL Rum, 5 Eiweiß, Äpfel oder Pfirsiche.

Zubereitung:

Butter, Honig und Eigelb schaumigrühren. Vollkornzwieback zerbröseln und mit dem Backpulver mischen, zusammen mit dem Joghurt und dem Rum in die schaumige Masse geben, gut verrühren.

Eiweiß zu Schnee schlagen und locker unterheben. Den Teig in eine gefettete, mit Bröseln ausgestreute Form geben. Nach Belieben mit kleingeschnittenen Äpfeln oder Pfirsichen belegen. Bei 190 °C 30 Minuten backen.

Zeitaufwand: ca. 40 Minuten.

Gemüsekuchen

Zutaten:
Kuchenboden:

⅛ l Milch, 10–20 g Hefe, 250 g Mehl (Weizen oder Weizen und Hirse) 1 TL Kräutersalz, Butter zum Ausfetten.

Belag:

500–1 000 g Gemüse nach Wahl, 4–6 EL Fett, 40–60 g Mehl (Weizen, Hirse, Mais), 2–3 Eier, ¼ l saure Sahne, 250 g Quark, Kräuter nach Geschmack, Salz, Pfeffer, Butterflöckchen und Brösel zum Bestreuen.

Zubereitung:

Mit der warmen Milch die Hefe glatt anrühren. Das Mehl in eine Schüssel geben und in der Mitte einen dickflüssigen Vorteig rühren. Mit einem Tuch bedecken und an einer warmen Stelle gehen lassen. Die 10 Minuten für den Vorteig lohnen sich: Sie sparen Hefe, und der Teig wird lockerer.

Anschließend die übrigen Zutaten beigeben und den Teig so lange kneten, bis er sich von der Schüssel und von der Hand löst. Zugedeckt gehen lassen, bis er etwa die doppelte Größe erreicht hat.

Auf einem gefetteten Blech auswellen oder eine runde Kuchenform damit ausdrücken.

Die zerkleinerten Gemüse kurz andünsten und mit den anderen Zutaten mischen, zuletzt würzen.

Sie können die gedünsteten Gemüse auch direkt auf den gefetteten und mit Bröseln bestreuten Boden geben und den Belag darüber verteilen. Tomaten dürfen nicht, Gurken, Zucchini, Kürbisse müssen nicht unbedingt angedünstet werden.

Zeitaufwand: ca. 1½ Std.

Kleingebäck

Amerikaner
Crunchies
Haselnußhörnchen
Englisches Teegebäck
Haferflocken-Rosinen-Plätzchen
Käserondellen
Körnerschnecken
Knusprige Kekse
Käsewaffeln
Müsli-Kekse
Omas Quarkküchlein
Pikante Sesamecken
Roggen-Weizen-Vollkorn-Brötchen
Rosinenschnecken
Schrotplätzchen
Sechskornplätzchen
Sesamwaffeln
Roggenplätzchen
Vanillehörnchen
Vollkornbiskuit
Walnuß-Sesam-Konfekt
Vollkornwaffeln
Vollwert-Nußecken
Joghurt-Hörnchen

Amerikaner

Zutaten:

150 g Butter, 150 g Zucker, 1 P. Vanillezucker, 1 Prise Salz, 3 Eier, 1½ P. Puddingpulver, 250 g Mehl, 50 g Sojaflocken, 75 g Hirseflocken, evtl. etwas Safran, 4 bis 5 EL Milch, Zitronen- oder Schokoguß.

Zubereitung:

Aus den Zutaten einen Rührteig herstellen.

Mit einem Eßlöffel kleine Häufchen auf ein gefettetes Blech setzen, abbacken. Ergibt ca. 24 Stück.

Mit Puderzucker oder Schokoladenguß bestreichen.

Zeitaufwand: ca. 80 Minuten.

Crunchies

Zutaten:

500 g Vollkorn-Haferflocken, 300 g flüssiger Honig, 2 EL Öl, 200 g gehackte Haselnußkerne, 200 g Sonnenblumenkerne, 200 g Leinsamenkerne (geschrotet).

Zubereitung:

Alle Zutaten in eine Schüssel geben und gut vermengen. Dann auf drei Backbleche verteilen und bei 200 °C ca. 20 Min. goldbraun backen. (Wenn die 3 Backbleche bei Heißluft gleichzeitig gebacken werden, reichen 180 °C aus.) Gut abkühlen lassen und luftdicht verschlossen aufbewahren.

Die Crunchies sind über mehrere Wochen knusprig und sehr lecker zum Verfeinern von Quark-, Joghurt- oder Puddingspeisen zu verwenden. Auch als Müsli mit Rosinen und Milch sind sie ein Genuß.

Zeitaufwand: 10 Minuten und die Backzeit.

Haselnußhörnchen

Zutaten:

450 g Weizenvollkornmehl, ca. ¼ l Milch, 1 Würfel Frischhefe, 1 TL Honig, Salz, 50 g Butter.

Für die Füllung:

Haselnußmus (1 kl. Glas) und 4 TL Honig.

Zubereitung:

Hefe mit etwas Mehl fein verkrümeln, etwas lauwarme Milch einrühren. ½ Stunde gehen lassen.

Dann die Zutaten in eine Schale geben, die Milch etwas erwärmen, das Fett braucht nur warm gestanden zu haben. Alles zu einem geschmeidigen Teig verarbeiten. Den Teig eine Stunde gehen lassen.

Teig ausrollen, Vierecke schneiden, mit der Nußmasse bestreichen, aufrollen und zu Hörnchen formen. Auf ein Backblech legen. Etwa 20 Minuten backen.

Zeitaufwand: ca. 30 bis 45 Minuten.

Englisches Teegebäck

Zutaten:

250 g Weizenvollkornmehl, ½ TL Salz, ½ TL Backpulver, 50 g Butter, 1 EL brauner Zucker, 150 g fettarmer Joghurt, etwas Milch und Sesam.

Zubereitung:

Mehl, Salz, Backpulver und Fett in einer Schüssel vermengen. Solange rühren, bis der Teig wie Brotkrumen aussieht, dann den Zucker unterrühren. Zum Schluß den Joghurt dazugeben und alles zu einem glatten Teig verrühren.

Auf bemehlter Arbeitsfläche kurz kneten und 12 bis 14 kleine runde Teile formen (Durchmesser ca. 5 cm). Diese auf ein bemehltes Backblech legen, mit Milch bestreichen und mit Sesam bestreuen. Bei 220 °C 12 bis 15 Minuten backen.

Abwandlung (süß): ½ TL Zimt mit dem Backpulver dazugeben, je 25 g gehackte Datteln und Walnüsse mit dem Zucker untermischen.

Abwandlung (herzhaft): 1 TL Senf und 1 Prise Cayenne-Pfeffer mit dem Backpulver beimischen. Statt des Zuckers 75 g geriebenen Käse dazugeben.

Zeitaufwand: ca. 40 Minuten.

Haferflocken-Rosinen-Plätzchen

Zutaten:

150 g Vollkornweizenmehl, 1 TL Backpulver, 150 g Haferflocken, 100 g Rosinen, 50 g Sonnenblumenkerne, 1 Ei, 3 EL Honig, 2 EL Öl, 2–3 EL Milch, 1 Prise Salz, ½ TL Zimt.

Zubereitung:

Milch, Ei, Öl und Honig mischen. Alle trockenen Zutaten mischen. Beide Mischungen zusammengeben und kneten. Von dem sehr klebrigen Teig kleine Plätzchen formen und auf ein Backblech setzen (Backpapier). Bei 220 °C ca. 15 bis 20 Minuten backen.

Zeitaufwand: ca. 30 Minuten.

Käserondellen

Zutaten:

180 g Wasser, 7 EL Öl, 1 TL Kräutersalz, 500 g Weizen, 1 TL Kümmel, 300 g Appenzeller Käse, ⅛ l saure Sahne, 3 EL trockener Weißwein,

Zubereitung:

Wasser mit Öl und Salz verrühren. Weizen zusammen mit dem Kümmel sehr feinmahlen. Mehl nach und nach unter die Flüssigkeit arbeiten. Den Teig gut kneten und zugedeckt ruhen lassen, bis der Belag zubereitet ist.

Für den Belag den Käse feinreiben. Sahne mit Wein, Ei und Gewürzen verrühren und unter den

1 Ei, 1 TL Majoran, ½ TL Curry, 1 Prise Kräutersalz, 1 Knoblauchzehe und 2 EL feingehackter Schnittlauch.

Käse mischen. Knoblauch schälen, feinhacken und mit dem Schnittlauch unter die Käsemasse rühren.

Teig 3 mm dick ausrollen, Plätzchen von 8 cm Durchmesser ausstechen und mit dem Belag bestreichen, jedoch nicht ganz bis zum Rand, da der Käse etwas verläuft. Die Käserondellen auf ein gefettetes Blech legen und bei 200 °C auf der unteren Schiene etwa 25 Minuten backen.

Zeitaufwand: 1 Stunde.

Körnerschnecken

Zutaten:

Hefeteig: 500 g Weizenvollkornmehl, ¼ l Milch, 40 g Hefe, 1 Prise Salz, 2 EL Honig, 40 g Butter.

***Füllung:** 1 Eiweiß, 3 EL helle Marmelade, 100 g Rosinen, 50 g Sukkade, 3 EL Sonnenblumenkerne, 2 EL Leinsamen, 2 EL Sesam, 50 g gehackte süße Mandeln.*

Zubereitung:

Einen geschmeidigen Hefeteig herstellen, entsprechend aufgehen lassen und 1 cm dick zu einem Rechteck ausrollen. Das Eiweiß steifschlagen und alle anderen Zutaten vorsichtig unterheben.

Diese Füllung auf den ausgerollten Hefeteig streichen. Die Teigplatte aufrollen, in 1,5 cm dicke Scheiben schneiden und auf dem Blech nochmals gehenlassen. Mit verquirltem Eigelb bestreichen und mit Mohn bestreuen. Bei 225 ° ca. 20 Minuten backen.

Zeitaufwand: ca. 1 Stunde.

Knusprige Kekse als Puddingbeilage oder Weihnachtsgebäck

Zutaten:

375 g Mehl, 250 g Butter, 250 g Zucker, 3 Eier, Zimt, süße Mandeln oder Nüsse.

Zubereitung:

Einen Knetteig aus Mehl, Butter und Zucker herstellen.

Drei Eigelb läßt man in kochendes Wasser fallen und 10 Minuten kochen. Danach abkühlen lassen und zerreiben. Die Masse unter den Knetteig rühren.

Dann den Teig ausrollen, Quadrate ausstechen und liegen lassen.

Die drei Eiweiß leicht anschlagen und damit den Teig bestreichen. Mit einer Mischung aus Zucker, Zimt, Mandeln oder Nüssen die Kekse bestreuen, auf ein gefettetes Blech legen und bei 150 bis 180 °C abbacken.

Zeitaufwand: ca. 2 Stunden.

Käsewaffeln

Zutaten:

150 g feingemahlener Weizen, 150 g geriebener Käse, 300 g Mineralwasser, Pfeffer, Paprikapulver.

Zubereitung:

Alle Zutaten zu einem flüssigen Teig verrühren. 30 Minuten quellen lassen.

Anschließend im Waffeleisen zu knusprigen Waffeln backen.

Dazu passen: ein großer Salatteller, ein Quarkdip oder eine Sauce.

Zeitaufwand: 5 Minuten Vorbereitungszeit, 30 Minuten quellen, 15 Minuten backen = 50 Minuten.

Müsli-Kekse

Zutaten:

4 Eier, 200 g Honig, 100 g Rosinen, 100 g gehackte Haselnüsse, 100 g Kokosflocken, 100 g Leinsamen, 100 g Sesam, 1 EL Sonnenblumenkerne, ½ P. Backpulver, 300 g Weizenvollkornmehl, 1 TL Zimt, 1–2 EL Zitronensaft.

Zubereitung:

Eier schaumigrühren, Honig hinzugeben und ca. 5 bis 6 Minuten weiterrühren.

Anschließend alle übrigen Zutaten hinzugeben und untermengen.

Mit einem Teelöffel kleine Häufchen auf ein mit Backpapier ausgelegtes Backblech setzen und bei 175 °C ca. 25 Minuten backen.

Zeitaufwand: 45 Minuten.

Omas Quarkküchlein

Zutaten:

250 g Magerquark, ⅛ l Milch, 65 g Roggenmehl, 4 EL Öl, 1 rote Paprikaschote, 2 mittelgroße Zwiebeln, 1 Knoblauchzehe, 25 g Walnußkerne, 25 g Haselnußkerne, 2 EL Schmalz, Pfeffer, Salz, 1 Bund Schnittlauch, 2 Eier.

Zubereitung:

Quark mit Milch verrühren, Salz hinzugeben, Schnittlauch in Röllchen schneiden und zur Hälfte unterrühren.

Das Mehl mit 100 ml Wasser mischen, 20 Minuten quellen lassen, 2 Eier und 2 EL Öl unterrühren. Paprika, Zwiebeln und Knoblauch kleinschneiden.

Alles in 2 EL Öl dünsten, ¾ der Masse mit gehackten Nüssen unter den Teig mischen, Pfeffer und Salz hinzugeben.

Butterschmalz in der Pfanne erhitzen, 10 bis 15 Törtchen formen und von jeder Seite 3 Minuten backen.

Die Küchlein mit Quarksoße und restlichem Schnittlauch und Paprika servieren.

Zeitaufwand: 40 Minuten.

Pikante Sesamecken

Zutaten:

200 g feingemahlenes Roggen-Vollkornmehl, 1 TL Backpulver, etwas Meersalz, 2 EL geriebener Emmentaler, 3–4 EL kaltgepreßtes Pflanzenöl, 1 Ei, wenn nötig etwas Buttermilch, 2 EL Sesam für den Teig und 2 EL Sesam zum Bestreuen.

Zubereitung:

Vollkornmehl mit Backpulver, Salz, Käse, Öl, Ei, evtl. Buttermilch und Sesam zu einem glatten Teig verkneten.

Den Teig etwas ruhen lassen, dann dünn ausrollen und ca. 30 kleine Dreiecke schneiden. Mit leicht verdünntem Eigelb bestreichen und mit Sesam bestreuen. Im vorgeheizten Backofen bei 180 °C ca. 10 Minuten backen.

Tip: Dieses Gebäck kann auch mit Mohn, Kümmel, gehackten Nüssen oder mit geriebenem Käse bestreut werden.

Roggen-Weizen-Vollkorn-Brötchen

Zutaten:

2 Päckchen Hefe (80 g), ½ l Wasser, 500 g Roggenvollkornmehl, 500 g Weizenvollkornmehl, 3 TL Meersalz, 1 TL Fruchtzucker.

Zubereitung:

Die Hefe mit einigen EL des lauwarmen Wassers gut verrühren. Die übrigen Zutaten mischen, dazugeben und gut durchkneten. Zudecken und etwa 1 Stunde gehen lassen.

Brötchen formen, auf ein gefettetes Blech legen und eine Kerbe in die Brötchen ritzen. Zugedeckt noch einmal 30 Minuten gehen lassen.

Bei ca. 220 °C im vorgeheizten Ofen 25 Minuten backen.

Rosinenschnecken

Zutaten für den Teig:

500 g Weizenvollkornmehl, 1 Päckchen Trockenhefe, 250 ml Milch, 2 EL Honig, 1 Prise Meersalz, 1 Ei, 50 g ungehärtete Pflanzenmargarine;

Für die Füllung:

4–5 EL Haselnußmus (aus dem Reformhaus), 3–4 EL Honig, 100 g Rosinen, 125 g grobgehackte Nüsse, etwas Zimt, 1 verquirltes Ei.

Zubereitung:

Mehl mit Hefe mischen, mit Milch, Honig, Salz, Margarine und Ei zu einem geschmeidigen Teig verrühren. Ca. 40 Minuten gehen lassen.

Den Teig auswellen, mit Nußmus und Honig bestreichen, mit Rosinen, Nüssen und Zimt bestreuen.

Schmale Streifen schneiden und diese aufrollen. Die Schnecken nebeneinander in eine Springform setzen und mit dem verquirltem Ei bestreichen. Den Backofen vorheizen und bei 200 °C 40 Minuten backen.

Schrotplätzchen

Zutaten für den Teig:

250 g Weizenvollkornschrot, 50 g Magerquark, 110 g Butter, 1 Prise Salz, ½ TL Backpulver, 100 g Honig, ½ Tasse Wasser (nach Bedarf).

Zum Bestreuen:

Sonnenblumenkerne oder Sesam.

Zubereitung:

Schrot mit Quark, Fett, Salz, Backpulver und Zucker mit warmem Wasser verkneten. Mit einem Teelöffel etwas von dem Teig nehmen und kleine Kugeln formen, auf ein gefettetes Backblech legen.

Die Kugel mit einer Gabel plattdrücken und mit 2 Eigelb, die mit 1 EL Milch verrührt sind, bestreichen. Zum Schluß mit Sonnenblumenkernen oder Sesam bestreuen. Backen: ca. 25 Minuten bei 180 bis 200 °C, Gasherd: Stufe 3.

Zeitaufwand: ca. 20 Minuten und 25 Minuten Backzeit.

Sechskornplätzchen

Zutaten:

200 g Butter, 100 g Quark, 150 g Honig, 2 Eier, 250 g Hirse, Weizen, Buchweizen, Hafer, Gerste und Roggen (gemischt), 3 EL Milch, Sesam und Sonnenblumenkerne.

Zubereitung:

Butter, Quark, Honig und Eier schaumigrühren. Das Getreide feinmahlen und unter die Masse rühren. Den weichen Teig auf ein gefettetes oder mit Backpapier ausgelegtes Blech geben und darauf verteilen. Mit der Milch einpinseln. Eine Hälfte mit Sesam, die andere mit Sonnenblumenkernen bestreuen und diese fest andrücken.

Mit einem Messer den Teig in kleine Rauten oder Rechtecke schneiden. Das Blech in den kalten Backofen auf die mittlere Schiene schieben. Die Plätzchen bei 200 °C etwa 20 Minuten backen.

Zeitaufwand: ca. 15 Minuten (ohne Backzeit).

Sesamwaffeln

Zutaten:

125 g Weizen, ¼ l Milch, 1 Prise Meersalz, 1 EL Honig, 4 Eigelb, 100 g Crème fraîche, 65 g Butter, Öl, Sesam.

Zubereitung:

Den Weizen feinmahlen; das Mehl mit Milch, Salz und Honig verrühren und 60 Minuten quellen lassen.

Eigelb und Crème fraîche unterrühren. Die Butter schmelzen und ebenfalls unterrühren.

Den Waffelautomaten vorheizen, mit Öl bestreichen und die untere Waffeleisenfläche mit Sesam bestreuen. Den Teig einfüllen und goldbraune Waffeln backen. Die Menge ergibt ca. 6 Waffeln.

Roggenplätzchen

Zutaten:

200 g Margarine, 300 g Zucker, etwas Salz, 1 Päckchen Vanillezucker, 1 TL Zimt, 600 g grobes Roggenmehl, 1 Päckchen Backpulver, 8 EL Milch.

Zubereitung:

Aus allen Zutaten einen Mürbeteig bereiten, dünn ausrollen und kleine Streifen ausradeln. Bei 175 °C backen.

Vanillehörnchen

Zutaten:

400 g Vollkornmehl, 300 g Butter, 300 g Honig, 300 g geschälte gemahlene süße Mandeln, 3 Eidotter, 3 Vanilleschoten, gerieben.

Zubereitung:

Vollkornmehl, Mandeln, Honig, Butter und gemahlene Vanilleschoten mit den Eidottern gut verrührt zu einem Teig mischen, gut durchkneten und 2 Stunden kühlstellen.

Anschließend den Teig in kleine Stücke aufteilen und daraus kleine Kipferl (Hörnchen) formen. Auf Backbleche setzen und im vorgeheizten Ofen bei 180 ° hellbraun backen.

Zeitaufwand: ca. 70 Minuten.

Vollkornbiskuit

Zutaten:

3 Eiweiß, 3 EL kaltes Wasser, 3 EL Zucker, 3 Eigelb, 100 g feines Weizenschrotmehl, 1 EL Rum, 1 TL Backpulver, 1 Zitronengelb, 1 EL Kakao.

Zubereitung:

Das Eiweiß, Wasser und Zucker schlagen, bis ein Messerschnitt sichtbar bleibt. Das Eigelb hinzufügen, Weizenschrot, Rum, Backpulver, Zitronengelb und Kakao vorsichtig unterheben.

In einer Springform bei 180 ° bis 200 °C bis 40 Minuten backen. 10 Minuten nach abgestelltem Herd der Nachhitze aussetzen.

Zeitaufwand: 50 Minuten.

Walnuß-Sesam-Konfekt

Zutaten:

100 g kernige Haferflocken, 75 g Gerstenflocken, 50 g Rosinen, 200 g Walnußkerne, 100 g flüssiger Honig, 75 g Sesammus (im Glas aus dem Reformhaus), 1 kl. Tasse Apfelsaft.

Zubereitung:

Beide Flockensorten, Rosinen, 50 g gehackte Walnüsse, Honig, Sesammus und Apfelsaft mit den Knethaken des Handrührers verkneten. Kugeln formen, flachdrücken und mit je einer Walnuß belegen. Über Nacht trocknen lassen.

Zeitaufwand: 40 Minuten.

Vollkornwaffeln

Zutaten:

400 g Weizen, ½ l Milch, 100 g Butter, 40 g Hefe, 4 EL Honig, 2 TL Zimt, 4 Eigelb, 4 Eiweiß.

Zubereitung:

Den Weizen feinmahlen. Milch erwärmen und die Butter darin schmelzen. Vollkornmehl mit Hefe, Honig, Zimt, Eigelb, Milch verrühren. Teig ca. 30 Minuten gehen lassen.

Eiweiß steifschlagen und unter den Teig heben. Waffeleisen aufheizen, einfetten und aus dem Teig die Waffeln bereiten.

Zeitaufwand: ca. 45 Minuten.

Vollwert-Nußecken

Zutaten:

500 g Weizenschrot, 2 TL Backpulver, 2 Eier, 125 g Honig, 150 g Butter.

***Belag:** 250 g grobgemahlene Haselnüsse, 125 g Butter, 150 g Honig, 5 EL Sahne, 1 Päckchen Vanillezucker.*

Zubereitung:

Die Zutaten für den Belag in einen Topf geben, aufkochen und abkühlen lassen. Aus den restlichen Zutaten einen Knetteig herstellen und auf einem Backblech ausrollen. Den Belag auf den Teig geben und bei 190 °C ca. 30 Minuten backen. Danach sofort zerschneiden.

Zeitaufwand: 50 Minuten.

Joghurt-Hörnchen

Diese knusprigen Hefehörnchen schmecken ausgezeichnet mit Quark und selbstgemachtem, ungesüßtem Zwetschgenmus.

Zutaten:

600 g Weizen, 50 bis 100 g lauwarmes Wasser, 40 g Hefe, 2 Becher Joghurt, 1 Ei, 1 EL Öl, 1 TL Salz.

Zubereitung:

Den Weizen feinmahlen. Die Hefe in dem lauwarmen Wasser auflösen und zum Weizen gießen. Zusammen mit Joghurt, Ei, Öl und Salz zu einem weichen Teig kneten.

Zugedeckt an einem warmen Ort etwa 1 Stunde gehen lassen, bis sich das Volumen verdoppelt hat. Den Teig noch einmal kräftig durchkneten, halbieren und auf einer bemehlten Arbeitsfläche zu zwei fingerdicken Tortenplatten ausrollen.

Jede runde Teigplatte wie eine Torte in acht Stücke teilen und von der breiten Seite her aufrollen. Dabei die Spitze gut andrücken. Auf ein gefettetes Backblech geben und noch einmal 5 bis 10 Minuten gehen lassen.

Auf mittlere Leiste in den kalten Backofen schieben, bei 220 °C ca. 30 Minuten backen.

Zeitaufwand: ca. 1½ Std.

Brot selbst gebacken

Buttermilchbrot

Zutaten:

375 g Roggen-Backschrot, 375 g Weizen-Vollkornmehl, 2 Päckchen Trocken-Backhefe, 150 g Natur-Sauerteig, 1 TL Zucker, 1 gestr. EL Salz, ½ l lauwarme Buttermilch und 75 g Sesam-Samen.

Zubereitung:

Das Mehl in eine große Schüssel geben und in die Mitte eine Vertiefung drücken. Alle Zutaten bis auf den Sesam-Samen hinzufügen und zu einem glatten Teig verarbeiten.

Den Teig warmstellen, bis er aufgegangen ist, anschließend noch einmal durchkneten und in eine Form geben.

Den Teig nochmals aufgehen lassen, mit einem Messer mehrmals einschneiden, mit Wasser bestreichen und Sesam darüberstreuen.

Bei 200 °C im vorgeheizten Ofen 60 Minuten backen.

Zeitaufwand: 2 Stunden.

Früchtebrot mit Sauerteig

Zutaten:

250 g getrocknete Pflaumen (entsteint), 250 g getrocknete Apfelringe, 125 g getrocknete Pfirsiche oder Aprikosen. Für den Sauerteig: 250 g Roggenmehl, 250 g Vollkornmehl, 1 TL Salz, 1 Beutel Trockenhefe, 1 Beutel Sauerteig-Extrakt, Einweichwasser. 200 g Rosinen, 125 g Korinthen, 100 g gewürfeltes Zitronat, 100 g gewürfeltes Orangeat, 150 g ganze abgezogene süße Mandeln, 100 g ganze Haselnüsse, ¼ TL Nelkenpulver, 1 TL Zimt, 150 g Zucker. Zum Bestreichen: Zuckerwasser.

Zubereitung:

Pflaumen, Apfelringe, Pfirsiche oder Aprikosen in 1 l lauwarmem Wasser 2 Stunden einweichen. Danach die Früchte herausnehmen und etwas ausdrücken. Mehl, Salz, Trockenhefe und Sauerteig-Extrakt gut mischen, lauwarme Einweichflüssigkeit hinzufügen, gut 5 Minuten durchkneten. Zugedeckt an einem warmen Ort ca. 30 Minuten gehen lassen.

Danach Früchte, Rosinen, Korinthen, Zitronat, Orangeat, Mandeln und Nüsse, Gewürze und Zucker hinzufügen. Alles verkneten. Nochmals gehen lassen. Dann ein Brot daraus formen und auf ein mit Backpapier belegtes Backblech legen.

Im vorgeheizten Backofen auf der zweiten Schiene von unten ca. 90 Minuten backen. 15 Minuten vor Ende der Backzeit mit Zuckerwasser bestreichen.

Es können auch Brötchen daraus geformt werden.

Zeitaufwand: 1 bis 1¼ Stunden.

Fünfkornbrot

Zutaten – Vorteig:
200 g Roggenfeinschrot, 200 g Weizenvollkornmehl, 400 ccm Wasser (40 °), 30 g (1 leicht gehäufter TL) Sauerteig, 1 leicht gehäufter TL Backferment.

Hauptteig: *600 g Roggenvollkornmehl und Roggenschrot gemischt, 350 g Weizenvollkornmehl, 50 g Sesamsaat, 50 g Hirse, 50 g Leinsaat, 1 EL Vollmeersalz, ca. 500 bis 600 ccm Wasser (40 °).*

Zubereitung – Vorteig:
Korn mahlen, Grundteig und Backferment in eine große Schüssel klumpenfrei mit etwas warmem Wasser anrühren. Roggenfeinschrot und Weizenvollkornmehl mit dem restlichen Wasser dazugeben. Über Nacht in einem warmen Zimmer zugedeckt ruhen lassen.

Am anderen Morgen kommt der Hauptteig dazu: Roggenvollkornmehl, Weizenvollkornmehl, Roggenfeinschrot, Sesamsaat, Hirse und Leinsaat (man kann auch Sonnenblumenkerne nehmen) vermischen. Salz in dem warmen Wasser auflösen und dazugeben. Den Teig verkneten, in der Schüssel glattstreichen und mit etwas Wasser beträufeln. An einem warmen Platz 2 bis 3 Stunden ruhen lassen.

Zwei längliche Formen fetten, zu ¾ mit Teig füllen, glattstreichen und mit Wasser beträufeln, mit Sesam bestreuen und nochmals 1 bis 1½ Stunden zugedeckt warmstellen.

Das Brot bei 200 ° im Backofen ca. 2 Stunden backen, bis es sich von der Form löst.

Zeitaufwand: ca. 30 Minuten (ohne Ruhe- und Backzeit)

Gewürztes Bauernbrot

Zutaten:
500 g Weizenvollkornmehl, 500 g Roggenvollkornmehl, 2 Btl. Trockenhefe, 2 Btl. Trockensauerteig, 2 gestr. TL Salz, 1 gestr. TL gemahlener Kümmel, 680 ml Wasser, 1 EL Korianderkörner, 1 TL Fenchelsamen, 1 TL Anissamen; zum Bestreuen je 1 gehäufter TL Kümmel und Koriander.

Zubereitung:
Aus dem Mehl, der Hefe und dem Sauerteig, Salz, Kümmel und Wasser einen Teig kneten. Anschließend die gemahlenen Gewürze hinzugeben. Danach den Teig zwei Stunden zugedeckt gehen lassen. Den Backofen auf 220 °C vorheizen.

Dann den Teig mit den Händen gründlich kneten, einen runden Laib formen und auf ein gefettetes, bemehltes Backblech legen und nochmals gehen lassen.

Den Brotlaib danach mit Wasser bestreichen und mit Kümmel und Koriander bestreuen. Einen Topf mit kochend heißem Wasser auf den Boden des Backofens stellen und das Brot auf der mittleren Schiene ca. 80 Minuten backen.

Zeitaufwand: Vorbereitung ca. 30 Minuten, Ruhezeit 2½ Stunden, Backzeit 80 Minuten.

Kürbisbrot mit „Kern“

Zutaten:

500 g Weizenvollkornmehl, 300 g feingeraspelten Kürbis, 100 g Honig, 150 g erwärmter Magerjoghurt, 80 g Butter, 1½ Würfel Hefe, 2 EL Sesamkerne, 2 EL Leinsamen, 2 EL Sonnenblumenkerne, 2 EL Mohn, 2 EL grobes Weizenschrot, etwas Weizenvollkornmehl und etwas Milch.

Zubereitung:

Alle Zutaten in eine große Schüssel geben, gut vermengen und durchkneten. Den Teig ca. 40 Minuten gehen lassen und mit Weizenvollkornmehl nochmals kneten.

In eine gemehlte Kastenform geben, mit Milch bepinseln und mit Körnern bestreuen. Das Brot noch einmal ruhen lassen und dann ca. 40 Minuten bei 180 bis 200 °C backen.

Zeitaufwand: ca. 25 Minuten

Nuß-Rosinen-Brötchen

Zutaten:

1 kg Weizenvollkornmehl, 3 EL Sesam, 80 g Hefe, 550 ml Milch, 2 Eier, 75 g Butter, 75 g Honig, 150 g Rosinen, 150 g geröstete, geraspelte Haselnüsse und ½ TL Salz.

Zubereitung:

Aus Hefe, Milch (warm), Honig und etwas Mehl einen dünnflüssigen Teig herstellen und gehen lassen. Butter zerlassen, mit Eiern und Salz verquirlen, übrige Zutaten untermengen und zu dem Hefeteig geben. Alles gut durchkneten und nochmals 10 bis 20 Minuten gehen lassen.

Aus dem Teig ca. 30 Kugeln formen, auf ein gefettetes Blech setzen, 10 Minuten gehen lassen, mit Wasser bestreichen und im vorgeheizten Ofen bei 220 °C ca. 20 Minuten backen; im Umluftherd ca. 30 Minuten bei 175 °C (während des Backvorgangs eine Fettpfanne mit heißem Wasser in den Ofen stellen).

Zeitaufwand: 2 Stunden.

Quarkbrötchen

Zutaten:

500 g Weizenvollkornmehl, ½ TL Salz, 50 g Öl, 250 g Magerquark, 1 EL Honig, 1 Päckchen Backpulver, 12 EL Wasser, 1 Eigelb, 1 Eiweiß und etwas Milch.

Zubereitung:

Mehl und Backpulver mischen. Quark mit Öl, Eiweiß, Honig, Wasser und Salz verrühren, zusammen mit dem Mehl und dem Backpulver verkneten. Der Teig darf nicht zu fest sein.

12 Brötchen formen und auf ein gefettetes Blech setzen, mit Eigelb-Milch bestreichen und bei 220 °C ca. 15 bis 20 Min. backen.

Zeitaufwand: ca. 30 Minuten.

Dreikornbrot

Zutaten:
500 g Weizenmehl (Vollkornmehl Typ 1050), 50 g Sesam, 50 g Leinsamen, 50 g Weizenschrot, 50 g Sonnenblumenkerne, 2 EL Öl, 1 gehäuften TL Salz, 3/8 l lauwarmes Wasser, 1 Würfel Hefe.

Zubereitung:
Hefeteig zubereiten, Teig ca. 30 Minuten aufgehen lassen.

Einen runden Brotlaib formen, mit Wasser bestreichen, anschließend mit Körnermischung bestreuen.

Nach ca. 15 Minuten in den vorgeheizten Ofen setzen. Bei 225 °C auf der zweiten Schiene ca. 40 Minuten backen.

Zeitaufwand: 1½ Stunden.

Sesambrötchen

Zutaten:
500 g Weizenvollkornmehl, 1/4 l warmes Wasser, 6 EL Öl, 1 Würfel Hefe, 1 Prise Salz, 100 g Sesam.

Zubereitung:
Das Weizenvollkornmehl in eine Schüssel geben, in die Mitte eine Mulde drücken, die zerbröckelte Hefe und die Prise Salz hinzugeben.

Wasser und Öl hinzufügen und einen Teig bereiten. Sesam unterkneten.

Den Teig 10 Minuten aufgehen lassen, dann kleine Brötchen formen und auf ein bemehltes Backblech geben.

Nochmals 15 Minuten gehen lassen.

Die Brötchen dann bei 250 °C ca. 25 Minuten backen.

Zeitaufwand: 1 Stunde.

Sonnenblumenkern-Rad

Zutaten:
2 Würfel Hefe, 2 TL Honig, 200 g Sonnenblumenkerne, 50 g Sesam, 800 g Weizenvollkornmehl, 4 Eigelb, 200 g Crème fraîche, 6 EL Öl, 1 EL Salz, 1 Ei zum Bestreichen.

Zubereitung:
Hefe mit Honig in einer Tasse flüssig werden lassen. Sonnenblumenkerne und Sesam in einer trockenen Pfanne hellbraun rösten. 2/3 für den Teig nehmen, 1/3 zum Bestreuen.

Aus allen Zutaten einen Hefeteig herstellen. Den Teig bei 50 °C 30 Minuten gehen lassen, danach gut durchkneten, eine Rolle formen und daraus ca. 12 Brötchen fertigen.

Die Brötchen auf dem Backblech zu einem Rad zusammensetzen, mit verquirltem Ei bestreichen und mit den gerösteten Kernen bestreuen.

Das Rad noch einmal kurz gehen lassen und bei 180 bis 200 °C ca. 35 Minuten backen.

Zeitaufwand: ca. 1 Stunde.

Rosinenstuten

Zutaten:

700 g Weizenvollkornmehl, 100 g Butter, 1 EL Öl, 50 g gemahlene Haselnüsse, 150 g Rosinen, etwas Rum, 60 g Hefe, 10 g Meersalz, 2 EL Honig, 400 g Milch.

Zubereitung:

Die Hefe mit etwas Flüssigkeit und frisch gemahlenem Weizenvollkornmehl zu einem Brei anrühren und 10 Minuten stehen lassen. Flüssigkeit und Gewürze in eine genügend große Schüssel geben, das Vollkornmehl langsam von der Mitte her unterkneten, zum Schluß die angerührte Hefe ca. 10 bis 15 Minuten lang unterkneten.

Rosinen mit Rum beträufeln und zugedeckt zwei Stunden (evtl. schon am Vortag) ziehenlassen und zuletzt unter den geschmeidigen Hefeteig kneten.

1. Teigruhe: 30 Minuten;

2. Teigruhe: 20 Minuten.

Den Teig mit Wasser oder Eigelb bestreichen. 20 Minuten mit Dampf bei 225 °C, 15–20 Minuten ohne Dampf bei 200 °C backen.

Zeitaufwand: ca. 140 Minuten.

Superbrezel

Zutaten:

250 g Weizenmehl Type 1050, 250 g Weizenvollkornmehl, 1 P. Trockenhefe, 1 TL Zucker, 1 TL Salz, ¼ l Milch, 60 g Fett, 1 TL gemahlener Kümmel. Milch und ganzer Kümmel zum Bestreichen und Bestreuen.

Zubereitung:

Mehl mit Trockenhefe vermengen. Zucker, Salz und Kümmel dazugeben. Milch und Fett erwärmen, aus allen Zutaten einen Hefeteig herstellen, gut durchkneten und gehen lassen. Den Teig dann nochmals kneten.

Aus dem Teig eine Brezel formen, auf ein gefettetes Backblech legen, mit Milch bestreichen, mit Kümmel bestreuen und noch einmal gehen lassen.

Bei 200 °C auf der mittleren Schiene 20 bis 30 Minuten backen.

Zeitaufwand: ca. 30 Minuten

Vollkornbrötchen

Zutaten:

30 g Hefe, 350 g Wasser, 1 Prise Zucker, 2 gestr. TL Salz, 600 g frisch gemahlenes Weizen-

Zubereitung:

Hefe mit Zucker im lauwarmen Wasser auflösen, Salz, Mehl, Anis und Fenchel hinzufügen und gut durchkneten. 20–30 Minuten an einen warmen Ort stellen und gehen lassen.

Brötchen formen und nochmals gehen lassen.

mehl (oder 300 g Weizen/300 g Dinkel), 4 Eigelb und 1 EL Wasser zum Bestreichen.

Mit dem Eigelb-Wassergemisch bestreichen und 40 Minuten bei 200 °C backen. Ein Schälchen Wasser mit in den Ofen stellen.

Varianten: 25 g Leinsamen oder geröstete Sonnenblumenkerne unter 200 g Teig geben.

Zeitaufwand: ca. 2 Stunden.

Vollkornbrot aus selbstgemahlenem Weizen

Zutaten:

2,5 kg Weizen-vollkorn-mehl, es kann auch etwas Roggen dazugegeben werden (dann klebt es ein bißchen), 2 l warmes Wasser, 2 Beutel Trockenhefe, ½ EL Salz, 1 EL Zucker, ⅛ bis ¼ l Öl.

Zubereitung:

Weizen mahlen, mit Salz, Zucker und Öl mischen. Die Trockenhefe und das Wasser dazugeben und den Teig 20 Min. kneten, zudecken und an einen warmen Platz stellen, bis sich die Menge verdoppelt hat.

Den Teig nochmals kneten, in eine Form füllen und noch einmal gehen lassen, bis er ein Viertel höher ist. Mit Wasser bestreichen und im vorgeheizten Backofen bei 200 °C ca. 2 Stunden backen.

Der Teig läßt sich auch abändern, wenn man statt Wasser Milch oder Buttermilch verwendet. Man kann auch den Zucker durch Honig oder Sirup ersetzen. Auch Reste von Kokosrapseln, Nüssen oder Sesam kann man dazugeben, ebenso Sonnenblumenkerne, Hirse, Haferflocken, Pfefferkuchengewürz sowie Zwiebeln, Kräuter und vieles andere mehr. Die Fantasie hat hier viel Spielraum.

Walnußbrot

Zutaten:

Für zwei Kastenformen nimmt man: 800 g Roggen-Vollmehl, 800 g Weizen-Vollmehl, 1 l lauwarmes Wasser, 50 g Hefe, 1 TL Zucker, 1 Beutel Sauerteig, 2 bis 3 EL Salz, Kardamom und Anis, 200 bis 400 g grobgehackte Walnüsse.

Zubereitung:

Mehl in eine Schüssel geben, eine Mulde eindrücken, Wasser hineingeben, die Hefe einbröseln und den Zucker darüberstreuen und solange stehenlassen, bis sich die Hefe aufgelöst hat.

Den Beutel Sauerteig, Salz, Kardamom, Anis und die Walnüsse hinzufügen und alles gut durchkneten, eventuell noch etwas Wasser dazufügen.

Den Teig auf die Kastenformen verteilen, gehen lassen, bis die Form gefüllt ist, 10 Minuten bei 250 °C, dann 50 bis 60 Minuten bei 200 °C backen.

Zeitaufwand: ca. 30 bis 40 Minuten.

Vollkorn-Toastbrot

Zutaten:

450 g Weizen (feingemahlen), 30 g Hefe, ¼ l Milch, 30 g Butter, 1 gestr. EL Honig, 1 gestr. TL Salz, 1 Ei.

Zubereitung:

Die Zutaten 5 Minuten in der Maschine kneten, ca. 30 Minuten gehenlassen und erneut durchkneten.

Den Teig in eine gefettete und ausgebröselte Kastenform füllen und wieder gehenlassen.

Bei 220 °C ca. 25 Minuten backen.

Zeitaufwand: 40 Minuten.

Weizenschrot-Brötchen

Zutaten:

1 000 g Weizenschrot, ½ l Buttermilch, ½ l Wasser, 50 g Hefe, 300 g Weizenmehl, 2 TL Salz.

Zubereitung:

Weizenschrot, Buttermilch, Wasser und Hefe zusammenrühren und 3 bis 4 Stunden gehenlassen.

Anschließend das Salz hinzufügen und mit dem Weizenmehl gut durchkneten.

Brötchen formen, diese wieder gehenlassen und mit Milch bestreichen. Bei 200 °C bis 220 °C eine halbe Stunde backen.

Das Rezept ergibt ca. 40 Brötchen. Zur Abwechslung mische ich Sesam, Leinsamen, Hirse, Kümmel oder Sonnenblumenkerne unter.

Wettendorfer Landbrot

Zutaten (für 2 große Brote):

3 l handwarmes Wasser, 3,5 kg Roggenmehl, 3 EL Sauerteig, 2 Hefewürfel, 1 EL Zucker, 3 EL Salz, 200 g Dreikorn-Brotmischung (Sonnenblumenkerne, Sesam, Leinsamen).

Zubereitung:

In die Hälfte des Wassers den Sauerteig, das Salz und die Dreikorn-Brotmischung am Vortag einrühren.

Am anderen Morgen den Rest des Wassers mit Zucker und Hefe einrühren und auskneten.

Den Teig gehenlassen, bis die Form ausgefüllt und der Teig gerissen ist (evtl. auch im E-Herd bei 50 °C gehenlassen). Im E-Herd bei 200 °C bis 250 °C 2 Stunden backen.

Zeitaufwand: 30 Minuten.

Rezept-Verzeichnis

Einsender/innen der Rezepte